Editorial
NUN

Montesquieu y la construcción de la paz internacional

Montesquieu y la construcción de la paz internacional

Víctor Antonio Hernández Ojeda

Ficha bibliográfica

Hernández Ojeda, Víctor Antonio

Montesquieu y la construcción de la paz internacional
1a. edición, 2021

ISBN: 978-607-99468-5-2

Editorial Notas Universitarias, S. A. de C. V.
Colección Scholia

Impreso en la Ciudad de México, 25 de octubre de 2021
Formato: 15 × 21 cm

200 pp.

Editorial NUN

Es una marca de Editorial Notas Universitarias, S.A. de C.V.

Xocotla17, Tlalpan Centro II, alcaldía Tlalpan,
Ciudad de México, C. P. 14000

www.editorialnun.com.mx

Los textos aquí presentados fueron arbitrados (doble-ciego) y dictaminados por especialistas nacionales. Posteriormente, fueron revisados, corregidos y modificados por los autores antes de llegar a su versión final.

Dirección editorial y diseño de portada: Miryam Meza Robles
Cuidado de la edición: Felipe G. Sierra Beamonte
Corrección de estilo: Óscar Díaz Chávez
Diagramación: Carlos A. Vela Turcott

Impreso en México

χαλεπὰ τὰ καλά

(Lo bello es difícil)

Índice

Prólogo

Montesquieu es una elección curiosa para hablar sobre la paz internacional. La filosofía es un paraje árido y muchas veces solitario. A veces pareciera que el texto filosófico, si no es aburrido, no puede ser considerado serio ni valioso. Montesquieu es de esos autores, como Hume, como Thomas Reid, que son vivos ejemplos de que se puede escribir filosofía de primer nivel sin por ello descuidar el estilo, la simplicidad, la sátira, la belleza del texto que regocija el alma.

Elegí a Montesquieu porque me enamoré de su espíritu, de su alma juguetona, incisiva, profunda y sistemática. Montesquieu es sin duda una de las mentes políticas más brillantes de la humanidad, y también, hay que decirlo, una de las más olvidadas.

Me propuse emprender esta obra inspirado en las palabras de aliento que Charles Louis de Secondat, señor de la Brède y barón de Montesquieu se da a sí mismo en el prefacio de *Del espíritu de las leyes*, su obra política de madurez:

> Si esta obra tiene éxito se lo deberé, en buena medida, a la grandeza del tema; sin embargo, creo que no carezco en absoluto de ingenio. Cuando vi lo que tantos grandes hombres escribieron antes que yo en Francia, Inglaterra y Alemania, me llené de admiración, pero no perdí ánimos y dije como el Correggio: "Yo también soy pintor".[1]

---

[1] Montesquieu, *Del espíritu de las leyes*, trad. Mercedes Blázquez y Pedro de Vega, Madrid, Tecnos, 2014, p. 5.

Cuenta la leyenda que Antonio da Corregio, pintor italiano del Renacimiento, exclamó dicha frase tras contemplar uno de los magníficos cuadros de Rafael.

Igual que Montesquieu, reconozco humildemente que los hombres y mujeres que me precedieron, desde los titanes de la filosofía hasta los docentes que dedicaron su esfuerzo y cariño para formarme, tienen mucho más camino recorrido que yo. Pero no me desanimo y seguro de mi propia voz y de mi esfuerzo, inicio este libro pronunciando como Montesquieu y el Corregio. *¡Anch'io sono pittore!* (¡Yo también soy pintor!).

Al sueño de la paz se llega por muchos caminos. Algunos la buscan en aras de evitar los horrores y la destrucción de la guerra. Otros, con el corazón roto, se marchan de este mundo convencidos de que tal sueño es absolutamente inalcanzable. Mi deseo de pensar y hacer la paz inició, paradójicamente, en el lugar menos devoto de la paz, entre los muros del Heroico Colegio Militar.

Dedico los frutos de este esfuerzo intelectual a todos los cadetes e instructores del Curso de Adiestramiento Militar Básico Individual (CAMBI) 2014. Reímos juntos, sudamos juntos, lloramos juntos. Todos dejamos ese Heroico Colegio Militar con el alma tatuada de verde pixelado. Cara al sol con mi uniforme verde.

Introducción

La búsqueda de la paz internacional y del fin de todas las guerras ha impulsado a incontables hombres a perseguir este sueño, de apariencia inalcanzable para una humanidad herida por la guerra. De entre todas las formas de violencia, la guerra ha sido una de las principales amenazas a la seguridad de las personas y de las naciones por su especial carácter destructivo, y por ser el caldo de cultivo propicio para las peores atrocidades que el ser humano es capaz de cometer contra sí mismo y contra su entorno.

En este libro me propongo analizar el proyecto político-arquitectónico de Montesquieu con la finalidad de articular sus propuestas para alcanzar la paz internacional.

Las tesis más relevantes para articular una propuesta de Montesquieu para la paz internacional se localizan en los primeros doce libros de *Del espíritu de las leyes*. Dicha propuesta descansa sobre tres ejes:

1. La república es, con su división de poderes y con su sistema de incentivos y desincentivos para evitar la guerra, la forma más pacífica de gobierno.
2. El comercio como mecanismo civilizatorio.
3. El derecho de guerra.

Digo "una propuesta" y no "la propuesta de Montesquieu", porque en ninguna de sus obras se fijó como principal propósito el sortear los laberintos de la guerra y la paz. Sin embargo, eso no significa que deba realizarse una ardua labor arqueológica y artificial para encontrar una propuesta de política internacional entre las letras de Charles-Luis de Secondat, señor de la Brède y barón de Montesquieu. Por el contrario, en esta obra me permito trabajar, si se me permite el atrevimiento, con un feliz accidente, con un palimpsesto que sin desearlo expresamente, dejó tras de sí el barón de Montesquieu, oculto en los trazos de su arquitectura política.

A lo largo del libro enunciaré y articularé las propuestas de Montesquieu para la paz internacional en tres niveles:

1. Antropológico (¿el hombre es un animal pacífico por naturaleza?).
2. Efecto de la estructura del Estado en la construcción de la paz internacional (sistema de incentivos y desincentivos para ir a la guerra, división de poderes, instituciones, imperio de la ley, etcétera).
3. Convivencia internacional.

En este libro me limito a integrar la propuesta de Montesquieu para la paz internacional a partir de *Del espíritu de las leyes*, su gran obra de madurez. Otros de sus textos serán referidos sólo de manera complementaria.

La forma en que cito *Del espíritu de las leyes* es la siguiente. El primer número romano es el libro, el segundo número romano es el capítulo y, finalmente, añado la página de la edición que utilizo (con la traducción de Mercedes Blázquez y Pedro de Vega) para mayor detalle de los párrafos a los que hago alusión. Actualmente, no existe una numeración canónica para esta obra. Sin embargo, dado que los capítulos son relativamente pequeños, basta citar haciendo referencia a los libros y capítulos.

Víctor Antonio Hernández Ojeda

1. El método y los objetivos de *Del espíritu de las leyes*

En este apartado mi objetivo es describir las principales líneas argumentativas y metodológicas de *Del espíritu de las leyes*, para ubicar el lugar de Montesquieu en la historia de la filosofía política. En ese tenor, identificaré qué elementos de la filosofía política grecorromana y de la moderna hacen eco en su pensamiento, y en cuáles se distancia para realizar una propuesta política distinta.

Lo primero que notará cualquier lector en Montesquieu es una profunda influencia de la tradición clásica que le precede. Su conocimiento sobre filosofía, política y derecho de los antiguos griegos y romanos es patente a lo largo de *Del espíritu de las leyes* y otros de sus textos más destacados.

A primera vista, *Del espíritu de las leyes* parece otro texto clásico de filosofía política, un estudio sobre tres formas de gobierno; la república (que puede adoptar la forma de una democracia o de una aristocracia), la monarquía y el gobierno despótico. Al inicio de la obra, Montesquieu analiza la naturaleza o constitución de estos regímenes, lo que los hace ser esas formas de gobierno y no otras; así como su principio, el entramado de incentivos y pasiones humanas que ponen a estos gobiernos en movimiento (dicho principio, propone Montesquieu, se deriva necesariamente de la naturaleza de cada gobierno).[1]

---

[1] Cfr. Montesquieu, *op. cit.*, libs. II-III.

La diferencia entre la naturaleza del gobierno y su principio es la siguiente: la naturaleza es lo que le hace ser tal; el principio lo que le hace actuar; la naturaleza es su estructura particular; el principio, las pasiones humanas que le ponen en movimiento".[2]

El gobierno republicano es aquel en el que todo el pueblo (democracia) o sólo parte del pueblo (aristocracia), ejerce el poder soberano. El principio de la democracia es la virtud política (amor a la patria, amor a la igualdad, anteposición del bien público sobre el privado) y el de la aristocracia es la virtud de la moderación. El gobierno monárquico es en el que una sola persona ejerce el poder soberano conforme a leyes y su principio es el honor. Por último, el gobierno despótico es el gobierno de una sola persona conforme a su capricho. Su principio es el temor.[3]

Forma de gobierno	Naturaleza	Principio	¿Cuántos ejercen el poder?	¿Cómo se ejerce el poder?
Democracia	Gobierno de todos los ciudadanos del Estado	Virtud política, amor a la igualdad, amor a la patria, anteposición del bien público sobre el privado	Todos	Conforme a leyes
Aristocracia	Gobierno de sólo algunos de los habitantes de un Estado	Moderación	Algunos	Conforme a leyes (con moderación)
Monarquía	Gobierno de uno conforme a leyes	Honor	Uno	Conforme a leyes
Gobierno despótico	Gobierno de uno conforme a su capricho	Temor	Uno	Arbitrariamente

---

[2] *Ibid.* lib. III, cap. I, p. 30.

[3] Cfr. *Ibid.* Advertencia del autor y libs. II-III.

Así expuesto, pareciera que Montesquieu estuviera escribiendo un libro que no se diferencia mucho de la tradición grecolatina y escolástica que le precede; pareciera un texto de filosofía política con las mismas categorías, presupuestos y objetivos. Sin embargo, la particularidad de Montesquieu es el tratamiento que da a estas tres formas de gobierno. No las estudia en términos morales, como antaño hicieron Platón y Aristóteles (describir qué forma de gobierno es la mejor, cuál es la peor, cuál fruto del vicio, cuál de la virtud, etc.), sino en términos *contextuales* y *arquitectónicos*.

Montesquieu propone que cada nación de la Tierra, dependiendo de su carácter, costumbres, historia, geografía, clima, actividad comercial, riqueza, religión... tendrá alguna de las tres formas de gobierno mencionadas. La forma de gobierno que adquiere cada pueblo, las leyes, los cargos públicos, la totalidad de la organización política, *es producto de las circunstancias geográficas y sociales de cada territorio particular.* Por tal motivo, Montesquieu no diseña la narrativa de su obra en términos de *la* mejor o *la* peor forma de gobierno.[4]

El primer indicio de que Montesquieu desea plantear su propuesta política no en términos absolutos (*el* mejor gobierno conforme a naturaleza, *el* mejor gobierno conforme a virtud, *el* gobierno más útil, etc.), sino en coordenadas contextuales, aparece en el pasaje de la refutación del gobierno paterno como modelo de todos los gobiernos.

En un pequeño párrafo, Montesquieu señala que algunos individuos han sostenido que el gobierno más conforme a la naturaleza es el gobierno de uno solo, pues ése es el gobierno que la naturaleza ha instituido en la familia, el gobierno del padre (la patria potestad). Si la autoridad del padre está fundamentada en que sea el gobierno de uno, ¿entonces cómo se justifica el gobierno de los hermanos o de los primos cuando ha fallecido el padre? Si los hermanos o los primos tienen autoridad sobre la familia, la fuente de tal autoridad no puede ser el hecho de que uno gobierne (pues más de uno está gobernando la familia), sino alguna otra cosa.[5]

---

4   Cfr. *Ibid.*, lib. I, cap. III. Sobre el papel generador y conservador de la ley en general, también Cfr. cap. I.

5   Cfr. *Ibid.*, lib. I, cap. III, pp. 16-17.

Refutada la idea de un modelo universal (en este caso, de imitación de la naturaleza) al cual todas las formas de gobierno del mundo deban adecuarse, Montesquieu propone lo siguiente:

El gobierno más conforme a naturaleza es aquel cuya disposición particular se adapta mejor a la disposición del pueblo al cual va destinado.

La ley, en general, es la razón humana en cuanto gobierna a todos los pueblos de la tierra; las leyes políticas y civiles de cada nación no deben ser más que los casos particulares a los que se aplica la razón humana. Por ello, dichas leyes deben ser adecuadas al pueblo para el que fueron dictadas, de tal manera que sólo por una gran casualidad las de una nación puedan convenir a otra...

Deben adaptarse a los caracteres *físicos* del país, al clima helado, caluroso o templado, a la calidad del terreno, a su situación, a su tamaño, al género de vida de los pueblos según sean labradores, cazadores o pastores.[6] Deben adaptarse al grado de libertad que permita la constitución, a la religión de los habitantes, a sus inclinaciones, a su riqueza, a su número, a su comercio, a sus costumbres y a sus maneras.[7]

Como puede apreciarse en este pasaje, Montesquieu sostiene que cada forma de gobierno se establece no por capricho, sino conforme al pueblo al que va dirigido. La propuesta de Montesquieu es *contextual*, no arbitraria. Si en efecto la ley no es más que la razón humana aplicada a un caso particular, cualquiera podría evaluar por qué a un pueblo con determinadas características, le conviene x forma de gobierno.[8] Ése es en buena medida uno de los ob-

---

[6] Salvo indicación contraria, las cursivas son de Montesquieu.

[7] *Ibid.*, lib. I, cap. III, p. 17.

[8] Cfr. *Ibid.*, Prefacio y lib. I, cap. III, p. 17.

jetivos de Montesquieu, que cada ciudadano pueda racionalizar por qué su gobierno funciona como funciona.[9]

Este pasaje resulta además muy ilustrativo sobre por qué la obra se titula *Del espíritu de las leyes*. Montesquieu sostiene que el gobierno se forma (se instaura por primera vez) mediante leyes políticas y se mantiene mediante leyes civiles (de convivencia).[10] Y es preciso advertir al lector que la categoría de "ley" en Montesquieu es flexible y no está limitada a la ley escrita y codificada que nos viene de inmediato a la mente en nuestro imaginario contemporáneo. En algunos pasajes, Montesquieu discute sobre leyes naturales y en otros, sobre leyes positivas. En ocasiones, "ley" hace referencia a costumbres o a *instituciones*. Cuando habla de la constitución de un Estado, no se refiere a un código, sino a la esencia de su forma de gobierno (a su naturaleza y a su principio). La forma en que se conserva la naturaleza y el principio de un gobierno, es decir, como se despliega la constitución de un Estado, son las leyes entendidas en ese sentido amplio: instituciones, magistraturas (cargos públicos), leyes escritas, costumbres, etc. Por esa razón, Montesquieu sostiene en este pasaje que las leyes deben adaptarse al contexto de cada pueblo y a la constitución de cada gobierno.

Montesquieu se aparta de ese glorioso absoluto, *la* mejor, *la* peor forma de gobierno. En su propuesta política, el único criterio para enjuiciar a las sociedades es el de la *congruencia*. Cada una de las tres formas de gobierno tiene una naturaleza, una nota característica que las distingue de las otras, así como un principio, un entramado de pasiones e incentivos que motiva la acción política (*e.g.* en la monarquía, los nobles se motivan a obedecer al rey y a las leyes para tener más títulos y precedencias; incentivo que no existe en la democracia, en la que todos los ciudadanos tienen igual ejercicio del poder soberano).[11] Montesquieu, al proponer un proyecto político contextual, nos ofrece una serie de herramientas para evaluar si en efecto

---

9   "Si yo pudiera hacer que todo el mundo encontrara nuevas razones de amar sus deberes, de amar a su príncipe, a su patria y a sus leyes; hacer que cada cual pudiera sentir mejor la felicidad en su país, en su gobierno, en el puesto en que se encontrase, sería el más feliz de los mortales". *Idem*. Prefacio, pp. 4-5.

10   Cfr. *Idem*, Prefacio y lib. I, cap. III, p. 17.

11   Cfr. *Idem*, lib. II-III.

una sociedad ha conservado la naturaleza y el espíritu de su gobierno o si lo ha corrompido (es decir, si ha transformado su forma de gobierno en otra). Al determinar si en efecto *x* sociedad ha preservado la naturaleza y el espíritu de su gobierno, Montesquieu no realiza un análisis moral (por ejemplo, en términos de virtud), sino un análisis *arquitectónico*.

Aquí adelanto la lectura particular que propongo de *Del espíritu de las leyes*, la guía hermenéutica desde la que interpreto el texto en su conjunto. Existen algunas discusiones particulares en torno a esta obra. Algunos se disputan si en este estudio Montesquieu tenía una especial preferencia por el gobierno monárquico o por el republicano.[12] Otros discuten la influencia de Maquiavelo en Montesquieu y el grado de (des)acuerdo entre su pensamiento.[13] Algunos investigadores rastrean el tema de la moderación política a lo largo del libro[14] y algunos otros rastrean la tematización de la libertad política.[15] Sin embargo, la interpretación que aquí propongo no es sobre un tema particular, sino una guía para interpretar muchos de los argumentos que aparecen sistemáticamente en el libro y es la siguiente.

La tesis de que los gobiernos tienen una génesis contextual lleva a Montesquieu a formular un tipo de argumento (uno de los más empleados en toda la obra) al que me permito denominar el argumento arquitectónico: *Dado que su contexto ha llevado a las naciones a erigir cierta forma de gobierno particular, todas las leyes, las magistraturas,[16] las instituciones y los incentivos del Estado; deben estar al servicio de conservar esa forma de gobierno.* En ese sentido, son argumentos arquitectónicos todas las prescripciones administrativas, fiscales, militares, judiciales, legislativas o de cualquier otra índole que Montesquieu propone en aras de preservar la naturaleza y el espíritu de cada gobierno.

---

12   *E.G.* Louis Althusser, Thomas Pangle, Paul Rahe y Annelien de Dijin.

13   *E.G.* Randal Hendrickson, Maurice Joly.

14   *E.G.* Paul Carrese, Alexander Trubowit.

15   *E.G.* Sharon Krause, Megan Gallagher.

16   Siguiendo a Montesquieu y a la tradición clásica, entiendo por *magistratura* cualquier cargo público genérico, distinto del cargo de juez y del cargo de legislador. Este término casi siempre refiere a un cargo perteneciente al poder ejecutivo.

Los argumentos arquitectónicos son, por ponerlo en jerga kantiana, imperativos hipotéticos. No están basados en un criterio moral absoluto (*x* es la mejor o peor forma de gobierno y por eso se le debe procurar por sí misma o evitar por sí misma), sino que están formulados como un consejo prudencial. "Si quieres preservar *x* forma de gobierno, entonces debes hacer *y*". He aquí un par de ejemplos de argumentos arquitectónicos:

1. La monarquía es el gobierno de uno solo conforme a leyes establecidas.[17] Si una monarquía conquista muchos territorios y se convierte en un imperio, los territorios más lejanos acabarán teniendo un gobierno despótico, discrecional; pues muchas resoluciones deberán tomarse de forma expedita y prudencial, dados los prolongados tiempos de consulta y respuesta con el monarca. El monarca y sus ministros están demasiado lejos de las tierras conquistadas como para poder verificar que en efecto el gobierno sobre tales pueblos se realiza conforme a las leyes del gobierno monárquico. Por tanto, si la monarquía desea seguir siendo monarquía (gobierno de uno conforme a leyes) en cada rincón de su territorio, no debe sobrexpandirse (convertirse en un imperio).[18]

2. El principio fundacional de la democracia es la igualdad, en ella, todos los ciudadanos ejercen el poder soberano; a diferencia de formas de gobierno como la monarquía y el despotismo, en las que existen claras jerarquías que reservan el ejercicio del poder a unos cuantos (*e.g.* la nobleza, en el caso de la monarquía). En las monarquías y en los gobiernos despóticos, basta la orden del príncipe para que se ejecuten los negocios del Estado. En la democracia, dada la ausencia de jerarquías, sólo la virtud política, el amor por la patria y la búsqueda del bien común pueden ser el único motor que haga caminar la vida del Estado. El quehacer político cotidiano en una democracia depende de la automotivación de sus habitantes,

---

[17]   Cfr. Montesquieu, *op. cit.*, lib. II, cap. I.

[18]   Cfr. *Ibid.*, lib. VIII, cap. XIX.

no del mandato externo de un príncipe. Ningún vizconde o duque puede obligarme, por ejemplo, a acudir a votar, a escuchar en la asamblea el examen a la gestión de un magistrado... nadie está facultado a obligarme a que me interese por los negocios del Estado (y tampoco hay nadie autorizado a recompensarme si lo hago). Si los ciudadanos no se automotivan a obrar cotidianamente por virtud, el Estado queda paralizado (las magistraturas no trabajan, se suspende la actividad legislativa, no se acude a las votaciones, etc.). Por tal motivo, la educación en las democracias debe ser una educación en la virtud política y en el amor a la patria, que incendie los corazones de los ciudadanos desde pequeños. Así, al crecer, los ciudadanos participarán de la vida política sin perseguir una recompensa ni temer el castigo de alguna autoridad, sino por amor, plenamente automotivados, deseosos de hacer todo por preservar la naturaleza de su forma de gobierno (la igualdad).[19]

Nótese cómo este tipo de argumento se distingue de otras tradiciones de filosofía política que se fundamentan en algún tipo de criterio moral o utilitario: el Estado debe hacer *x* porque es bueno (*e.g.* el príncipe cristiano debe obrar de tal manera para asegurar la felicidad terrena y la vida eterna de sus súbditos). El Estado debe hacer *x* porque es útil (utilitarismo). El Estado debe hacer *x* porque es lo debido (teorías del deber), etc. Le llamo "argumento arquitectónico" porque siempre adopta la forma de una prescripción o de una proscripción, en aras de conservar la estructura fundamental de cada forma de gobierno, de conservar su constitución entendida en sentido ontológico, aquello que le hace ser eso y no otra cosa. En ese sentido, podemos interpretar *Del espíritu de las leyes*, si se me permite la expresión impropia, como un manual exhaustivo para la construcción de monarquías, repúblicas y gobiernos despóticos.

Ahora bien, es importante destacar que *Del espíritu de las leyes* no contiene exclusivamente argumentos arquitectónicos. Existen abundantes

---

[19]   Cfr. *Ibid.*, libs. II-V y lib. VIII caps. II-IV.

apartados con argumentos históricos, morales, legales y de distinta índole. La obra abarca una amplísima gama de temas, desde el diseño más abstracto del Estado y los orígenes de la vida política, hasta las disposiciones legales e institucionales que cada forma de gobierno debe adoptar con relación al clima, al suelo, al número de habitantes, al lujo, al maquillaje, etc. La guía interpretativa que aquí propongo aspira dar unidad incluso a esas disposiciones tan peculiares. Bajo esta lectura, *Del espíritu de las leyes* no es meramente una colección de consejos geográficos y curiosidades históricas, sino un estudio histórico y de política comparada sobre las implicaciones que tiene cada ley, cada norma, cada magistratura, cada institución, cada práctica; en la conservación de la forma de gobierno establecida.

La forma arquitectónica de evaluar los consejos políticos prescritos por Montesquieu es la siguiente. *Si esta disposición se aplicara o dejara de aplicarse, ¿esta forma de gobierno perdería o conservaría su naturaleza y su espíritu característico? ¿Qué leyes, costumbres e incentivos son indispensables para preservar la naturaleza y el espíritu de cada forma de gobierno?*

Otro elemento indispensable para comprender el método y los objetivos de Montesquieu en *Del espíritu de las leyes*, es precisamente la historia y la política comparada. La obra no sólo tiene una clara influencia platónica (por plantear los gobiernos en términos de una naturaleza y una pasión que los inspira) sino también aristotélica.[20] Aristóteles, a quien más de uno ha llamado el "padre de la política comparada", refiere muchos ejemplos en la *Política* sobre normas y prácticas de las ciudades y culturas vecinas para encontrar las mejores prácticas que se pueden imitar y los errores que se deben evitar.[21]

Inspirado por ese método, Montesquieu despliega un amplísimo conocimiento de historia política (sobre instituciones, leyes, cargos públicos, crisis, aciertos y desventuras de los griegos, romanos y reinos europeos principalmente; así como de diversas sociedades de oriente, como los persas, chinos y turcos) y de política comparada (es decir, no sólo conoce de historia

---

[20]   Cfr. Platón, *República*, trad. Antonio Gómez Robledo, México, UNAM, 2000, libs. VIII-IX.

[21]   No es casualidad que se le haya atribuido el texto de la *Constitución de los atenienses*.

política, sino de la práctica política de su época). Sus ejemplos y referencias son tan diversos que incluso llega a hacer mención de la situación de los indios mexicanos frente a los españoles.[22]

Montesquieu realiza buena parte de sus prescripciones arquitectónicas (prescripciones para conservar la naturaleza y el espíritu de cada forma de gobierno) mediante ejemplos históricos y de política comparada. Louis Althusser, elogiando el método empírico de Montesquieu, llegará a llamarlo el verdadero padre de la ciencia política.[23]

Los orígenes de lo político en Montesquieu

El último elemento para evaluar la pertinencia de la lectura arquitectónica que propongo, y para terminar de situar a Montesquieu dentro de la historia de la filosofía política, es su visión sobre los orígenes y la finalidad del Estado y de la sociedad.

Montesquieu tiene un eco de la reflexión contractualista de Hobbes, pero, como veremos a continuación, no puede decirse en estricto sentido que él mismo sea un autor contractualista. Al principio de *Del espíritu de las leyes*, Montesquieu emprende un análisis de las leyes naturales al hombre, aquellas que se derivan de su constitución como ser humano. En ese sentido, son leyes que el ser humano habría tenido antes del establecimiento de las sociedades.[24]

En su estado natural, dice Montesquieu, el hombre sólo está preocupado por procurarse su conservación. No tiene tiempo ni condiciones para emprender grandes empresas especulativas (como preguntarse sobre su origen).

---

[22] "¿Qué beneficios otorgaron los españoles a los mejicanos? Pudiendo darles una religión llena de dulzura les llevaron una superstición furiosa. Pudiendo haber hecho libres a los esclavos hicieron esclavos a los hombres libres. Pudiendo instruirles sobre los abusos de los sacrificios humanos, en su lugar los exterminaron. No terminaría nunca si quisiera contar los bienes que no hicieron y los males que causaron". Montesquieu, *op. cit.*, lib. X, cap. IV, p. 160.

[23] Cfr. Louis Althusser, "Montesquieu: Politics and History", en *Politics and History: Montesquieu, Rousseau, Marx*, Londres, Verso, 2007, pp. 13-112.

[24] Cfr. Montesquieu, *op. cit.*, lib. I, cap. II, p. 14.

La única idea que tiene con claridad el hombre en el estado de naturaleza es la idea de su propia debilidad, de su propia vulnerabilidad. Ese hombre, dice Montesquieu, sería extremadamente tímido, viviría convencido de que él mismo es más débil (o al menos igual de fuerte) que los demás. Prueba de este hecho, suscribe Montesquieu, son los casos de salvajes solitarios que se han descubierto en su época, que tiemblan y huyen ante todo. Dado que nadie en el estado de naturaleza se sentiría con la suficiente ventaja para atacar a otro, Montesquieu afirma que la *primera ley de la naturaleza es la paz*.[25]

En este mismo pasaje, le objeta a Hobbes que los hombres no podrían, en el estado de naturaleza, desear imperio sobre los demás para oprimirlos; pues el imperio y la opresión son ideas demasiado complejas (dependen de muchas otras ideas) y precisamente por ello no podrían ser las ideas originarias del hombre. El estado de naturaleza es tan precario que el hombre no tiene condiciones para especular y formar ideas complejas, ocupa su tiempo en sobrevivir, nada más. En el estado de naturaleza, según Montesquieu, el hombre no tiene motivos ni para atacar ni para defenderse, pues todos se temen entre sí.[26]

La segunda ley natural, dice Montesquieu, es la búsqueda de alimentos, pues el hombre no sólo siente naturalmente temor por sus semejantes, sino que también siente sus necesidades corporales.[27] La tercera ley, en cambio, es la que reúne a los hombres:

> El temor impulsaría a los hombres a huir unos de otros, pero los signos de un temor recíproco y, por otra parte, el placer que el animal siente ante la proximidad de otro animal de su especie, les llevaría al acercamiento. Además, dicho placer se vería aumentado por la atracción que inspira la diferencia de sexos. Así, la solicitación natural que siempre se hacen siempre uno a otro constituiría la tercera ley.[28]

---

[25]   Cfr. *Idem.*

[26]   Cfr. *Ibid.* lib. I, cap. II, pp. 14-15.

[27]   Cfr. *Idem.*

[28]   *Idem.*

Nótese que esta tercera ley involucra tres incentivos distintos para reunir a los hombres en comunidad. En primer lugar, la advertencia de que todos tienen entre sí un temor recíproco genera confianza. Si todos están tan aterrados de mí como yo de ellos, es razonable suponer que no estaré en peligro si convivo con los demás. En segundo lugar, hay un placer en general por convivir con otros miembros de la especie. En tercer lugar, hay un placer particular al convivir con el sexo opuesto.

Quizás esta lista de tres incentivos bastaría para afirmar que Montesquieu es un defensor de la sociabilidad natural, de la tesis de que el ser humano está llamado por naturaleza a vivir en comunidad. Pero hay incluso una cuarta ley natural que confirma esta sospecha.

El deseo de vivir en comunidad proviene en buena medida de un sentimiento (el placer de convivir con los semejantes), pero el hombre puede acceder a un tipo de convivencia superior a la de los animales. Su convivencia puede ser no sólo afectiva, sino racional.

El ser humano tiene una facultad y un deseo particular: el conocimiento. El hombre puede y desea conocer. Y por tanto, dice Montesquieu, los hombres también pueden asociarse para conocer. Ese deseo de reunirse para conocer, es el deseo de vivir en *sociedad*.[29]

Descrito el estado de naturaleza, Montesquieu señala cómo se transforma el hombre cuando empieza a vivir en sociedad:

Desde el momento en que los hombres se reúnen en sociedad, pierden el sentimiento de su debilidad; la igualdad en que se encontraban antes deja de existir y comienza el estado de guerra.

Cada sociedad particular se hace consciente de su fuerza, lo que produce un estado de guerra de nación a nación. Los particulares, dentro de cada sociedad, empiezan a su vez a darse cuenta de su fuerza y tratan

---

[29] Cfr. *Idem*.

de volver a su favor las principales ventajas de la sociedad, lo que crea entre ellos el estado de guerra.[30]

Montesquieu propone exactamente la tesis inversa de Hobbes. No hay un estado de guerra original y una paz que se obtiene tras firmar el contrato social, sino un estado de paz originaria que se termina cuando los hombres empiezan a vivir en comunidad. Otro matiz importante es que Montesquieu nunca afirma explícitamente que las sociedades se constituyan mediante un contrato o que sea imperativo firmar dicho contrato. Más bien, siguiendo su diagnóstico del estado de naturaleza, la formación de las sociedades es un proceso espontáneo, inevitable dada la naturaleza sociable del hombre.

Montesquieu afirma que las leyes positivas (derecho de gentes, derecho político y derecho civil), surgen precisamente para controlar el caos generado por los dos estados de guerra (nación *vs.* nación y ciudadanos *vs.* ciudadanos) que surgen tras la unión de los hombres en sociedades.[31] Y ahí radica precisamente la razón por la cual no podemos considerar a Montesquieu un autor contractualista.

¿Tiene un diagnóstico del estado de naturaleza? Sí. ¿Tiene un diagnóstico del estado civil? Sí. Lo que no hay en Montesquieu es un mandato para firmar el contrato en aras de conseguir *x* beneficio. En Hobbes, se firma el contrato para salir del abominable estado de guerra natural a los hombres. En Locke, se firma el contrato para garantizar la imparcial y segura defensa de los derechos naturales. En Montesquieu, el estado de naturaleza es pacífico y la unión inevitable de los hombres en sociedad genera un estado indeseable, un doble estado de guerra.

Más aún. En general, la tradición contractualista considera el contrato como la causa de que los hombres se reúnan y como la causa de toda su organización política. En Montesquieu, la generación de las sociedades es inevitable, es un proceso natural. El hombre, en tanto que ser vulnerable y necesitado de la comunidad para satisfacer sus necesidades, no tiene

---

30   *Ibid.*, lib. I, cap. III, p. 15.

31   Cfr. *Ibid.*, lib. I, cap. III, pp. 15-16.

más remedio que reunirse con sus semejantes. La génesis de las sociedades no es un contrato, sino la *naturaleza del hombre*, su indigencia como individuo, su incapacidad para bastarse a sí mismo, así como el deseo que tiene de estar acompañado por sus semejantes. Esa tesis, nuevamente, tiene una profunda influencia platónica y aristotélica:

En mi opinión –proseguí–, una ciudad nace cuando los individuos en particular se encuentran en la imposibilidad de bastarse a sí mismos (αὐτάρκεια) y de procurarse las muchas cosas de que han menester... Un hombre, por tanto, se asocia con otro en vista de tal necesidad, y con otro por tal otra, y así, por la necesidad en que están muchos de muchas cosas, se van reuniendo en el mismo domicilio como asociados y auxiliares, y a esta convivencia le damos el nombre de ciudad...[32]

En primer lugar, pues, la necesidad ha hecho aparearse a quienes no pueden existir el uno sin el otro, como son el varón y la mujer en orden a la generación (y esto no por elección deliberada, ya que en el hombre, no menos que en los demás animales y en las plantas, hay un deseo natural de dejar tras de sí otro ser a su semejanza). Es también necesidad, por razones de *seguridad*[33] (σωτηρία), la unión...[34]

La asociación última de muchos municipios es la ciudad. Es la comunidad que ha llegado al extremo de *bastarse en todo virtualmente a sí misma*, y que si ha nacido de la necesidad de vivir, subsiste porque puede proveer una vida cumplida. De aquí que toda ciudad exista por naturaleza, no de otro modo que las primeras comunidades, puesto que es ella el fin de las demás. Ahora bien, la naturaleza es fin; y así hablamos de la naturaleza de cada cosa, como del hombre, del caballo, de la casa, según es cada una al término de su generación. Por otra parte,

---

[32] Platón, *República*, 369b-c.

[33] En este párrafo y el siguiente, las cursivas son mías.

[34] Aristóteles, *Política*, 1252a27-33.

aquello por lo que una cosa existe y su fin es para ella lo mejor; en consecuencia, el poder bastarse a sí mismo es un fin y lo mejor. De lo anterior resulta manifiesto que la ciudad es una de las cosas que existen por naturaleza, y que el hombre es por naturaleza un animal político; y resulta también que quien por naturaleza y no por casos de fortuna carece de ciudad, está por debajo o por encima de lo que es el hombre.[35]

Después de que la naturaleza ha hecho de las suyas y ha reunido a los hombres en sociedad (por su vulnerabilidad, por su búsqueda de seguridad, por la advertencia del temor recíproco, por el deseo de convivir, por el deseo de aparearse y por el deseo de conocer), los hombres empiezan a disfrutar de sus beneficios. El beneficio fundamental que reporta la sociedad (la vida en común) es la división del trabajo. El zapatero hace zapatos y los intercambia con el granjero, con el sastre, etc. Así, cada quien con las habilidades que le ha dado la naturaleza, suple las necesidades de otros a cambio de que los otros suplan las de él.[36]

Una de las señales más claras de que Montesquieu comparte esta visión aristotélica y platónica del hombre como un ser vulnerable y naturalmente llamado a vivir en comunidad (espacio en el que habrá de satisfacer sus necesidades en alianza con los demás), es que utiliza sistemáticamente el término "sociedad" para referirse a la comunidad de los hombres. No olvidemos que *societas* en latín implica más que una asamblea, más que una mera aglomeración de hombres.[37] Es una comunidad que se reúne para obtener un beneficio específico, una unión encaminada a la persecución de un objetivo pactado por las partes que la integran.[38]

---

[35] *Ibid.*, 1252b28-1253a5.

[36] Cfr. Platón, *op. cit.*, 369b-372d.

[37] Aunque *Del espíritu de las leyes* está escrito en francés, no debemos olvidar que Montesquieu posee un inmenso conocimiento de Roma. Incluso, a lo largo del texto, llega a dar la impresión de que conoce mucho más de Roma que de Grecia. Recordemos que otro de sus textos más célebres está titulado *Consideraciones sobre las causas de la grandeza y decadencia de los romanos* (1734). Eso me ha llevado a sospechar que la elección del término "sociedad", es todo menos casual en *Del espíritu de las leyes*.

[38] "Societas", en *Lewis & Short* [en línea], disponible en <http://www.perseus.tufts.edu/hopper/morph? l=societas&la=la#lexicon1>. Consultado el 20 de octubre de 2018

En el contexto de esa comunidad que se basta a sí misma, dice Montesquieu, los individuos olvidan su vulnerabilidad, su indigencia natural, y deciden emprender la guerra contra los demás. La sociedad deja de ser el espacio propicio para la cooperación y la mutua satisfacción de las necesidades de los individuos, para convertirse en el botín de todos. Y, a su vez, las sociedades entre sí, mediante la guerra y la conquista, se convierten las unas en el botín de las otras.[39]

> Estos dos tipos de estado de guerra son el motivo de que se establezcan las leyes entre los hombres. Considerados como habitantes de un planeta tan grande que tiene que abarcar pueblos diferentes, los hombres tienen leyes que rigen las relaciones de estos pueblos entre sí: es el *derecho de gentes*. Si se les considera como seres que viven en una sociedad que debe mantenerse, tienen leyes que rigen las relaciones entre los gobernantes y los gobernados: es el *derecho político*. Igualmente tienen leyes que regulan las relaciones existentes entre todos los ciudadanos: es el *derecho civil*.[40]

Nótese el condicional que da origen a las leyes positivas.[41] *Si* los hombres desean conservar su asociación, la alianza que les provee seguridad, entonces deben someterse a leyes. *Si* los hombres desean en verdad liberarse de la violencia, del egoísmo, del deseo de someterlo todo y poseerlo todo que los hombres adquieren tras haber disfrutado de los beneficios de vivir en sociedad, entonces deben limitar esos impulsos mediante las leyes y mediante el gobierno.

Éste es otro de los pasajes que pueden incitar al lector a pensar que Montesquieu no es un autor contractualista y que su proyecto político no

---

[39] Cfr. Montesquieu, *op. cit.*, lib. I, cap. III, pp. 15-16.

[40] *Idem.*, p. 16.

[41] Llama la atención que Montesquieu no sigue al pie de la letra la taxonomía de las leyes escolástica. En el primer libro de *Del espíritu de las leyes* sólo hay dos géneros de leyes, las naturales y las positivas. Las segundas, a su vez, como se aprecia en el pasaje citado, se subdividen en leyes políticas y civiles. Dado que en esta clasificación se separa de la tradición escolástica, mi interpretación es que por ley positiva está entendiendo cualquier ley de origen humano (cualquier ley distinta de la ley natural).

está planteado en coordenadas absolutas, sino contextuales. La formación del gobierno y de las leyes para la preservación de la sociedad no es un mandato moral, no es fruto de la necesidad, no es radicalmente inevitable, es una decisión libre enunciada con un condicional. Si usted quiere salir del caos generado por el olvido de cada individuo y de cada sociedad de su vulnerabilidad natural, no tiene otra alternativa que establecer mecanismos institucionales de coordinación de la acción colectiva y de organización de la vida en común. Montesquieu lo dice categóricamente, "una sociedad no podría subsistir sin gobierno".[42] Si usted no quiere salir de esa niebla de violencia e incertidumbre, tome un hacha y pase al campo de batalla.

Montesquieu también utiliza otro término genérico para referirse a la comunidad organizada de los hombres, "Estado". El Estado es "una sociedad en la que hay leyes",[43] es la unión de todas las fuerzas y de todas las voluntades particulares.[44] Nótese cómo este término comparte dos características fundamentales con la palabra "sociedad". Primero, el Estado está organizado conforme a leyes para garantizar su supervivencia, su continuidad (que es el objetivo de cualquier Estado).[45] Segundo, el Estado, para constituirse como tal, tiene que sumar no sólo todas las fuerzas, sino también todas las voluntades particulares. Formar un Estado es una decisión que necesariamente requiere no sólo del consentimiento tácito de los ciudadanos, sino del esfuerzo de sus integrantes para preservarlo tal cual es.

El doble estado de guerra surgido de la unión de los hombres en sociedad se mitiga, en el ámbito internacional, mediante la regulación del derecho de gentes.[46] En el ámbito estatal, los individuos pueden entablar relaciones pacíficas gracias a la regulación del derecho político (que fija la relación entre gobernantes y gobernados) y el civil (que fija las normas de convivencia entre ciudadanos).[47]

---

[42] *Idem.*

[43] *Ibid.*, lib. XI, cap. III, p. 173.

[44] Cfr. *Ibid.*, lib. I, cap. III, pp. 16-17.

[45] Cfr. *Ibid.*, lib. XI, cap. V.

[46] Del cual hablaré en el último capítulo.

[47] Cfr. *Ibid.*, lib. I, cap. III, pp. 15-17.

Cada una de las tres formas de gobierno que propone Montesquieu (república, monarquía y tiranía) tiene una forma particular de disponer las relaciones entre gobernantes y gobernados y las relaciones entre sus habitantes. Y él mismo advierte que, a lo largo de toda la obra, no guiará su exposición distinguiendo cuáles son las leyes civiles y cuáles las leyes políticas de cada Estado, pues este libro no es un compendio de leyes, sino un tratado sobre el espíritu de las leyes.

"Las leyes tienen relaciones entre sí; con sus orígenes, con el objeto del legislador y con el orden de las cosas sobre las que se legisla".[48] El entramado de esas relaciones es el espíritu de las leyes.[49] De ahí proviene la amplitud del análisis y la diversidad de temas que aborda Montesquieu. Ésa es la razón por la cual este libro reflexiona desde los orígenes del Estado, hasta el impacto de la geografía en la política. Montesquieu se propone analizar las leyes no en su sentido estricto, como normas codificadas y escritas, sino en su sentido amplio. Las costumbres, los cargos públicos, las instituciones, los tribunales, los castigos, los premios, las expectativas de comportamiento, las asambleas... todo cuanto pueda tener un impacto en la preservación del principio y la naturaleza de cada forma de gobierno, forma parte dentro del examen del espíritu de las leyes.

Concluido este análisis sobre el lugar de Montesquieu en la historia de la filosofía política, en el que hemos distinguido las fuentes de inspiración (antigua y moderna) de su método, de sus objetivos y de sus tesis sobre el origen del fenómeno político, así como los ámbitos en los que se separa de esas fuentes para realizar una propuesta política distinta, es necesario proceder a analizar el primer pilar de una virtual teoría de la paz de Montesquieu. Dicho pilar, se resume en las siguientes palabras: la república es la forma más pacífica de gobierno. La monarquía y la tiranía inevitablemente conducen a la violencia y a la guerra.

---

[48] *Idem.*

[49] Cfr. *Ibid.*, lib. I, cap. III, pp. 17-18.

2. Las formas de gobierno según Montesquieu

En este capítulo esquematizaré las principales características del gobierno republicano, monárquico y despótico,[1] según la descripción que de ellos hace Montesquieu en los primeros doce libros de *Del espíritu de las leyes*. Posteriormente, en el tercer capítulo, compararé estas formas de gobierno para descubrir cuáles son las formas de gobierno más pacíficas y cuáles las que tienden a la guerra.

República

Uno de los criterios más recurridos para clasificar las distintas formas de gobierno es la cantidad de personas que tienen acceso al ejercicio de la soberanía. "La fuerza general puede ponerse en manos de *uno solo* o en manos de *muchos*".[2] Ésa es la primera distinción fundamental entre la república y las otras dos formas de gobierno. En la monarquía y en el gobierno despótico, el poder está concentrado en la figura del príncipe. En la república, una multitud de personas participa del poder soberano.[3]

---

[1]   Ese mismo orden de exposición es el que utiliza Montesquieu.

[2]   Montesquieu, *op. cit.*, lib. I, cap. III, p. 16.

[3]   Cfr. *Ibid.* lib. II.

La república, de acuerdo con Montesquieu, puede organizarse de dos maneras. Si la fuerza general está puesta en manos de todo el pueblo es una democracia. Si sólo está puesta en las manos de una parte del pueblo es una aristocracia.[4]

El principio de la democracia (la pasión que la pone en movimiento) es el amor por la igualdad, el amor a la patria, el amor a las leyes, la anteposición del bien público sobre el privado. En pocas palabras, es la virtud política. Por otro lado, el principio de la aristocracia es la virtud de la moderación.[5] Estudiemos a detalle cada una de estas formas de la república.

Democracia

En la democracia (o Estado popular, como en ocasiones le llama Montesquieu), el pueblo, dueño del poder soberano, es al mismo tiempo monarca y súbdito. Monarca, porque tiene toda la fuerza y toda la autoridad para decidir sobre sí mismo. Súbdito, porque se ve obligado a obedecer las determinaciones que él mismo tomó.[6]

El mecanismo por excelencia, dice Montesquieu, a través del cual el pueblo ejerce la soberanía, es el *sufragio*. Por tal motivo, las leyes que regulan cómo votar, sobre qué asuntos se pueden votar y quiénes pueden votar son tan importantes como las leyes en la monarquía sobre quién es el monarca y cómo debe gobernar.[7]

Es indispensable, para que la democracia sea democracia, que todos los ciudadanos puedan participar de la soberanía a través del sufragio. Sin embargo, que todos puedan votar no significa que todos puedan ser votados para ocupar un cargo público. En ese sentido, Montesquieu exalta las divisiones en clases establecidas en Atenas y Roma para determinar quiénes eran aptos para ocupar un puesto público. Solón dividió al pueblo en cuatro

---

4   Cfr. *Idem*, caps. I-II.

5   Cfr. *Idem*, Advertencia del autor y lib. II-III.

6   Cfr. *Idem*, lib. II, cap. II.

7   Cfr. *Idem*.

clases. Los jueces podían ser elegidos de entre cualquiera de las cuatro clases. Sin embargo, los magistrados sólo podían ser electos de entre las primeras tres clases.[8] Servio Tulio hizo lo mismo en Roma, de forma que tanto Solón como Servio diseñaron sus sistemas electorales para que tuvieran mayor peso los votos de los acomodados y marginar el voto de los pobres.[9]

La razón de la distinción del pueblo en clases (para discriminar quiénes pueden ocupar cargos públicos y quiénes no) es la siguiente: todo el pueblo, el conjunto de todos los ciudadanos, tiene una habilidad admirable para elegir a quiénes confía su autoridad. *Siempre está enterado* de quién ha estado en batalla y podría ser un buen general, de quién ha ejercido como juez sin aceptar soborno alguno, de quién es hábil en los negocios y podría ser un buen edil, etc. El pueblo decide a quién confiere autoridad dependiendo de su fama y de sus méritos.[10]

No obstante, conocer de la *fama* de sus conciudadanos no los hace a ellos mismos automáticamente aptos para encargarse de los negocios, conducir la guerra o aprovechar oportunidades comerciales.[11]

> Del mismo modo que la mayoría de los ciudadanos que tienen suficiencia para elegir no la tienen para ser elegidos, el pueblo, que tiene capacidad suficiente para darse cuenta de la gestión de los demás, no está capacitado para llevar la gestión por sí mismo.[12]

Esta tesis de Montesquieu, a la luz de la experiencia del siglo XXI, es sumamente problemática, pues el pueblo podría ser víctima de una campaña de *marketing* (de transformación de la percepción) en pro de un incompetente

---

8   En Montesquieu, y en general en las fuentes a las que se remite, "magistrado" es un término genérico para designar cualquier cargo público distinto del juez y del legislador. Hoy en día, podríamos decir que es un cargo típicamente asociado al poder ejecutivo y a la administración pública.

9   Cfr. *Ibid*, lib. II, cap. II, pp. 19-22.

10   Cfr. *Ibid.*, pp. 20-21.

11   Cfr. *Idem.*

12   *Idem.*

o de una campaña de desprestigio en contra de una persona perfectamente capacitada para un cargo público.

Sin embargo, algo de verdad hay en esta idea. La naturaleza ha dado a los individuos distintas habilidades e intereses. No todos los individuos del pueblo tienen la misma habilidad para atender el comercio, la guerra o la administración. Más aún, existen ciertas actividades (*e.g.* la conducción de una batalla) que requieren de resoluciones inmediatas, que no pueden esperar a la larga deliberación de la asamblea. Por tal motivo, afirma Montesquieu que "el pueblo que detenta el poder soberano debe hacer por sí mismo todo aquello que pueda hacer bien; lo que no pueda hacer bien lo hará por medio de sus ministros".[13]

En la democracia, la toma de decisiones y la ejecución de los negocios del Estado corren a cargo de cuatro instituciones: la asamblea de todos los ciudadanos, el senado, los tribunales y las magistraturas. Cuando se reúne una asamblea y toma alguna decisión, puede decirse en estricto sentido que la totalidad del pueblo ha hablado. Por tal motivo, dice Montesquieu, es de suma importancia determinar cuál es el mínimo de ciudadanos requeridos para declarar abierta una asamblea.[14]

Así como los monarcas necesitan de un consejo o de un senado para que los guíe, la democracia necesita también de un senado. Dicho senado tiene dos funciones. Decidir sobre todas las situaciones en las que sería ineficiente esperar a la deliberación o actuación de la asamblea de los ciudadanos, y preparar la presentación de todos los asuntos sobre los que la asamblea puede decidir con eficacia o que no pueden ser aprobados bajo ningún concepto sin el consenso de la asamblea (*e.g.* promulgación de leyes permanentes, nombramiento de funcionarios, etc.). Los senadores pueden ser electos ya sea directamente o nombrando ciertos magistrados para que los elijan (votación indirecta).[15]

---

[13]   Cfr. *Ibid.* lib. II, cap. II, p. 19. Montesquieu cita como ejemplo Esparta, en la que el quórum mínimo para una asamblea era de 10 mil ciudadanos.

[14]   Cfr. *Idem.*

[15]   Cfr. *Ibid.*, lib. II, caps. II-III, pp. 18-24.

En una democracia, es indispensable que sea el pueblo quien promulgue las leyes en asamblea y que el senado legisle sólo en los casos convenientes. Montesquieu cita como ejemplo de buena práctica en este ámbito a Atenas y Roma, en las que el Senado podía promulgar leyes con una vigencia de un año y sólo podían volverse perpetuas si así lo decidía el pueblo en asamblea.[16]

Respecto del nombramiento de jueces y magistrados, Montesquieu afirma que "la elección por sorteo es propia de la democracia; la designación por elección corresponde a la aristocracia".[17] El sorteo no ofende a nadie, no es motivo de injuria ni conspiración. Bajo el mecanismo del sorteo, todos los ciudadanos guardan una esperanza razonable de servir a su patria. Pero la designación de funcionarios por sorteo tiene defectos evidentes, que deben ser controlados siguiendo el ejemplo de Solón.[18]

Los senadores y jueces de la Atenas democrática se nombraban por sorteo, mientras que los cargos militares, dada su especial gravedad, eran designados por elección. Las magistraturas civiles que exigían un gran gasto (que manejaban mucho dinero), eran electas; mientras que el resto de magistraturas eran asignadas por sorteo. Además, a esas magistraturas civiles restantes sólo se podía acceder si el interesado se presentaba el día del sorteo y era examinado por los jueces.[19] Cualquier ciudadano podía acusar de indignidad para el cargo al interesado y, terminado su periodo de funciones, tal individuo sufría un segundo examen para evaluar su gestión. Para cada plaza, se sacaban en el momento del sorteo dos cédulas, una con el nombre del primer candidato y otra en caso de que el primero fuera rechazado por los jueces.[20]

Con todos estos controles, dice Montesquieu, Solón logró que cualquier persona incapacitada para el cargo sintiera vergüenza y no depositara

---

[16]   Cfr. *Ibid.*, lib. II, cap. II, pp. 23-24.

[17]   *Ibid.*, lib. II, cap. II, p. 22.

[18]   Cfr. *Idem.*

[19]   Más de algún incidente de magistrados que obtuvieron el cargo sin siquiera haberse presentado al sorteo debió de haber ocurrido en Atenas para incluir este requisito.

[20]   Cfr. *Idem.*

la cédula con su nombre para participar en el sorteo. En ese sentido, simultáneamente era un mecanismo por sorteo, pero con tintes de elección (por haber filtros para entregarle el puesto al ἄριστος).[21]

En una democracia es también de suma importancia la legislación en torno a si los votos deben emitirse públicamente o en secreto. Para el caso del pueblo, propone Montesquieu, la votación debe ser pública, como la asamblea ateniense, en la que los ciudadanos votaban a mano alzada. Sin embargo, los miembros del senado deben poder votar en secreto para prevenir intrigas.[22]

Las intrigas son en extremo perjudiciales en el senado y en el cuerpo de nobles (en el caso de la aristocracia y la monarquía). Por el contrario, dice Montesquieu, es natural (y deseable) que el pueblo se apasione por los asuntos políticos.[23]

> La desgracia de una república no es que en ella no haya intrigas, cosa que ocurre cuando se corrompe al pueblo con dinero: entonces se interesa por el dinero, pero no por los negocios públicos, y espera tranquilamente su salario sin preocuparse del Gobierno ni de lo que en él se trata.[24]

Aquí aparece por primera vez una idea que Montesquieu defenderá sistemáticamente en *Del espíritu de las leyes*, a saber, que la típica señal de que la república se ha corrompido (que ha dejado de funcionar como república), es que los ciudadanos pierden interés en los asuntos públicos. Si los ciudadanos no se intrigan, si no se apasionan por los negocios del Estado, la república queda paralizada.

Hasta aquí la radiografía de la organización política de la democracia. Pero demos un paso atrás. ¿Cuál es el principio de la república, la pasión humana que la pone en movimiento?

---

21   Cfr. *Idem.*

22   Cfr. *Ibid.*, lib. II, cap. II, pp. 22-23.

23   Cfr. *Idem.*

24   *Idem.*

Recordemos, la naturaleza es la configuración particular que hace a una forma de gobierno ser esa forma de gobierno y no otra. El principio es la motivación afectiva para obrar dentro de esa forma de gobierno particular, es el entramado de incentivos para la acción (política, económica y moral) en determinado gobierno. El principio de cada gobierno demarca el tipo de satisfacciones a las que uno puede acceder y el catálogo de censuras a las que uno puede ser acreedor. El principio de cada forma de gobierno no es accidental, se desprende de su naturaleza y es *indispensable* para su funcionamiento.[25]

El principio de la democracia es la virtud política: "Lo que llamo *virtud* en la república es el amor a la patria, es decir, el amor a la igualdad. No se trata de una virtud moral ni tampoco de una virtud cristiana, sino de la virtud política".[26] El hombre de bien en la república "no es el hombre de bien cristiano, sino el hombre de bien político, que posee la mencionada virtud política. Es el hombre que ama las leyes de su país y que obra por amor a ellas".[27]

La virtud política en Montesquieu tiene muchos sinónimos. Amor a la igualdad, amor a las leyes, amor a la patria y anteposición del bien público sobre el privado. ¿Por qué el principio de la democracia es la virtud política? Podría pensarse que simplemente es un resabio platónico y aristotélico. La virtud es considerada el resorte de la república simplemente porque Montesquieu tuvo una importante formación clásica y coincide con Platón y Aristóteles en que la educación permite el despliegue más pleno de las potencias humanas.

No es el caso, esa lectura es demasiado simplista. Montesquieu escribe esta obra con criterios estrictamente arquitectónicos. La virtud no es el resorte de la república porque sea buena o porque sea bonita, sino porque en la monarquía y en el gobierno despótico basta que el príncipe dé la orden para que caminen los asuntos del Estado. En la monarquía los nobles tienen el incentivo de obedecer al príncipe porque desean mayores títulos y precedencias. En el gobierno despótico los sirvientes obedecen por temor

---

al príncipe y para participar del saqueo del tesoro del Estado y de los individuos. Pero la naturaleza de la república es que no haya jerarquías, todos los ciudadanos tienen igual ejercicio de la soberanía. Ningún vizconde o duque tiene poder para obligar mi participación de esa soberanía. Nadie tiene autoridad para obligarme a votar, ni para poner atención al examen de la gestión de algún funcionario, ni para entrar en el sorteo para ocupar algún cargo público. Si los ciudadanos no se automotivan para participar y estar enterados de los negocios del Estado, la vida política queda paralizada.[28]

La monarquía y la tiranía son formas de gobierno relativamente fáciles de mantener. El monarca está por encima de las leyes, tiene todos los incentivos para mantenerse en esa cómoda posición. La nobleza, en la medida en que siga aumentando su honor, títulos y precedencias, obedecerá al príncipe y a las leyes monárquicas con lo que perpetuará así el régimen. El tirano, por otro lado, tiene a sus súbditos atemorizados y a los "ministros de sus codicias y ejecutores de sus venganzas"[29] sobornados mediante toda clase de bienes y deleites a cambio de su lealtad.[30] Pero la democracia enfrenta un dilema que ninguna de las otras formas de gobierno enfrenta, el *dilema de la libertad.*

El pueblo en una democracia no recibe sus mandatos de un tercero ajeno (*e.g.* un príncipe), sino que se da la ley a sí mismo. El pueblo decide su propia forma de vida y nombra por poder y autoridad propia a sus gobernantes. Enfrenta la consecuencia más angustiosa de la libertad, la de tener que ser congruente con las decisiones que uno mismo ha tomado.

Hobbes sostiene que anular o negar un acto que se ha realizado por propia voluntad es el equivalente (en la vida práctica) de negar en lógica lo que uno sostenía al inicio de una discusión, es una contradicción (en este caso, una contradicción práctica).[31]

---

[28]   Cfr. *Ibid.*, lib. II-V y lib. VIII caps. II-IV.

[29]   Expresión que recupero de Étienne De la Boétie, *Discurso de la servidumbre voluntaria*, trad. Rodrigo Santos Rivera, México, Sexto Piso, 2003, p. 21.

[30]   Cfr. Montesquieu, *op. cit.*, lib. II, cap. IV, p. 27; lib. III, cap. III, p. 31 y caps. V-XI; lib. V caps. XVI y XVII.

[31]   Cfr. Thomas Hobbes, *Leviatán*, trad. Carlos Mellizo, Madrid, Gredos, 2015, cap. 14, p. 109.

El pueblo es simultáneamente monarca (porque se da las leyes a sí mismo) y súbdito (porque se obliga a obedecerlas).[32] Tiene la tentación permanente de suavizar las leyes, de quitarles efectividad, de sentirse superior a ellas (pues él es autor de todas ellas). La democracia es, en palabras de Didier Carsin, la forma de gobierno más frágil y exigente (la que requiere de más disciplina)[33] porque esta forma de gobierno es espejo de la libertad individual. Darse la ley a uno mismo, gobernarse a sí mismo, todo ello suena muy hermoso; pero el primer desafío a la libertad no viene del exterior (*e.g.* alguien que se opone a mi libertad), sino del interior, y es el desafío de ser constante con el curso de acción que uno ha decidido.

La virtud política de la que habla Montesquieu no es exactamente idéntica a la virtud descrita por Platón y Aristóteles. No es una excelencia reservada para los mejores, no es un efecto de la razón sobre la afectividad, sino un *sentimiento* (una motivación afectiva).[34] "La virtud en una república es sencillamente el amor a la República. No es un conjunto de conocimientos, sino un sentimiento que puede experimentar el último hombre del Estado tanto como el primero".[35]

La virtud política comparte diversas manifestaciones de la virtud platónica y aristotélica (autodominio, gobierno de las propias pasiones en aras de un bien mayor), pero es esencialmente un sentimiento, es amor, y en tanto que sentimiento no requiere de un entrenamiento intelectual demasiado complejo para experimentarlo.[36] Es indispensable que sea así, de lo contrario, la democracia se tornaría en una aristocracia, un régimen político en el que el ejercicio de la soberanía estaría reservado para un grupo selecto de individuos que han alcanzado la excelencia de las virtudes clásicas.

---

[32] Cfr. Montesquieu, *op. cit.*, lib. II, cap. II, p. 19.

[33] Cfr. Didier Carsin, "Montesquieu et la République" (conferencia presentada en la Université Populaire d'Évreux, diciembre de 2017), https://www.youtube.com/watch?v=GcvSia0yUwg&t=2s (consultada el 14/10/18), minutos 2:00-4:30, 7:00-9:00, 11:00-15:00 y 46:00-49:00.

[34] Cfr. *Idem*, min. 14:00-22:00.

[35] Montesquieu, *op. cit.*, lib. V, cap. II, pp. 52-53.

[36] Cfr. Carsin, *op cit.*, min. 14:00-22:00.

Lo propio de la democracia es que todos los ciudadanos participen del ejercicio de la soberanía. Montesquieu tiene que postular un principio (una motivación afectiva para la acción) que alcance a todos y cada uno de los habitantes de la democracia, requisito que no se exige en ninguna de las otras formas de gobierno.

En la aristocracia, la monarquía y el gobierno despótico no es indispensable que todos los habitantes del Estado participen activamente en la preservación del régimen, basta que un grupo de individuos esté motivado para conservarlo. En la aristocracia esos individuos motivados son los nobles o aristócratas, en la monarquía son los nobles, en el Estado despótico son los vasallos del príncipe. Aunque el pueblo no quiera preservar la monarquía, los nobles harán cumplir las leyes y la voluntad del príncipe en aras de obtener honor (mayores títulos y precedencias). Aunque el pueblo no quiera preservar la aristocracia, los aristócratas harán cumplir la ley para conservar su estatus privilegiado. Aunque el pueblo no quiera preservar el gobierno despótico, los sirvientes del príncipe (por temor a su poder y para disfrutar la discrecionalidad de la que gozan cuando ejecutan la voluntad del príncipe) sembrarán con violencia el temor y la obediencia al déspota.[37]

Pero la democracia no funciona así. Ningún grupo está especialmente privilegiado en términos de derechos políticos. No hay nobles, no hay vasallos con mayor autoridad, no hay aristócratas. Si cada ciudadano no asume la responsabilidad de mantener por sí mismo su forma de gobierno, la democracia está condenada a colapsar, a morir por apatía. "The republic will only 'go', to coin a phrase, on virtue, just as some motors will only go on petrol. Withouth virtue the republic will fall, as will monarchy without honor, despotism without fear".[38]

Montesquieu no es ingenuo, sabe que debe existir algún tipo de motivación o incentivo para que cada régimen se mantenga. En la democracia, ese incentivo es el amor a la república y a las leyes. Dicho amor, advierte

---

Didier Carsin, no significa en Montesquieu un nacionalismo, amor a las raíces o a una pertenencia étnica.[39]

Nada habría más tedioso que tener que obedecer la ley por deber (coerción interna) o por una positividad meramente externa.[40] En la democracia, suscribe Montesquieu, hay una motivación *afectiva* detrás de la obediencia a las leyes, a saber, un intenso amor. Tal obediencia no es resultado de una obligación, sino la conducta que inevitablemente se sigue del enamoramiento, el cuidado del objeto amado.

La república no existe "más que en los corazones de sus ciudadanos".[41] Ésa es la razón por la cual Montesquieu afirma que la educación de los miembros de una república debe ser una educación en la virtud política.[42]

En el gobierno republicano se necesita de todo el poder de la educación. En los gobiernos despóticos, el temor nace por sí mismo de las amenazas y los castigos; en la monarquía el honor se ve favorecido por las pasiones que a su vez favorece, pero la virtud política es la renuncia de uno mismo, cosa que siempre resulta penosa.

[...] el gobierno es como todo el mundo: para conservarlo hay que amarlo. Nunca se oyó decir que los reyes no amasen la monarquía o que los déspotas odiasen el despotismo.[43]

El gobierno democrático exige una educación que produce un amor que no tenemos naturalmente. El egoísmo de la monarquía y el temor del gobierno despótico son sensaciones muy primitivas que podemos experimentar desde niños. Son emociones fáciles de sentir y que permiten la conservación de ambas formas de gobierno. Pero el sacrificio, la anteposición del bien público sobre el privado, no es algo con lo que se nace, sino que se aprende. En

---

39   Cfr. Didier Carsin, *op. cit.*, min. 14:00-18:00.

40   Cfr. *Idem.* min. 22:00-26:00.

41   Cfr. *Idem.* min. 2:00-3:10.

42   Cfr. Montesquieu, *op. cit.*, lib. IV caps. I y V.

43   *Ibid.*, lib. IV, cap. V, pp. 45-46.

palabras de Didier Carsin: el hombre no nace ciudadano, se hace ciudadano. Debe sufrir una metamorfosis para dejar de ser una creatura egoísta y poder participar de un proyecto político común.[44]

La virtud política, como señalé hace un momento, tiene muchos sinónimos: amor a la patria, amor a la igualdad, amor a las leyes, anteposición del bien público sobre el privado. Ahora explicaré qué significa cada uno.

La naturaleza de la democracia, recordemos, es que todos los ciudadanos sean iguales entre sí. Tal afirmación tiene profundos impactos educativos. Para que la democracia se preserve como democracia, todos los ciudadanos deben "gozar de la misma felicidad y de las mismas ventajas, disfrutar de los mismos placeres y tener las mismas esperanzas, lo cual sólo puede conseguirse mediante la frugalidad general".[45]

Para poder amar la igualdad (la característica distintiva de la democracia) se requiere de una educación en la frugalidad, en la moderación de los placeres. Una persona que ha experimentado grandes e intensos placeres toda su vida, advierte Montesquieu, encontrará odiosa la vida de la democracia. ¿Por qué conformarse con unos cuantos placeres modestos, cuando se pueden obtener grandes goces sensuales? Una persona que ha crecido experimentando intensos placeres egoístas está incapacitada para vivir en una democracia. Conoce las bondades de la vida licenciosa y, si se le introduce a la vida democrática, no hará más que añorar los excesos perdidos. En cambio, quien ha sido educado desde pequeño en la frugalidad, disfruta esos pocos placeres a los que está acostumbrado.

> En la medida en que podemos satisfacer menos nuestras pasiones particulares, nos entregamos más a las generales. ¿Por qué los monjes le tienen tanto cariño a su orden? Precisamente por lo que tiene de insoportable. Su regla les priva de todo aquello en que se apoyan las pasiones comunes; así pues, sólo les queda la pasión por la Regla que les

---

[44]   Cfr. Carsin, *op. cit.*, min. 25:30-28:00.

[45]   Montesquieu, *op. cit.*, lib. V, cap. III, p. 53.

aflige. Cuanto más austera es, es decir, cuantas más inclinaciones cercena, con más fuerza crecerán las restantes.[46]

Si cada ciudadano no aprende a participar políticamente por amor a la república, a aumentar el tesoro público sobre el privado, a gozarse en lo mismo en que se gozan sus conciudadanos, la apatía y la desigualdad penetrarán en su corazón. Ningún vizconde, ningún visir puede obligar al ciudadano a participar de la vida política. Sólo el ciudadano puede automotivarse por amor a hacerlo. La meta de esta educación frugal (de esta educación en el amor a la democracia) es que el ciudadano no tenga mayor aspiración que prestar grandes servicios a su patria (acrecentando el tesoro público, participando de la defensa de la república, etcétera).[47]

Si hay ciudadanos que pueden gozar de placeres más intensos que el resto de sus conciudadanos, habrá terreno fértil para la envidia y el egoísmo.[48] ¿Si mi riqueza me permite acceder a placeres más intensos que los demás, por qué he de compartirla con ellos? ¿Por qué he de vivir como esos monjes menesterosos? Si la riqueza es el instrumento para obtener una vida de placeres, ¿qué me impide quitársela a ese individuo que la posee?

Uno podría preguntarse razonablemente, ¿quién se cree Montesquieu para afirmar que los ricos y los disolutos no pueden vivir en una democracia? ¿No encontramos hoy muchas democracias en las que son los principales protagonistas de la vida pública?

Le pido al lector que guarde en su memoria esa objeción porque en el tercer capítulo la respuesta de Montesquieu será central para determinar por qué la república es la forma más pacífica de gobierno. De momento basta con haber expuesto las condiciones arquitectónicas indispensables para que la democracia pueda existir como democracia, y podemos ahora analizar la segunda forma posible de la república, la aristocracia.

---

[46] *Idem.*

[47] Cfr. *Ibid.*, lib. II-V y lib. VIII caps. II-IV.

[48] Cfr. *Ibid.*, lib. VIII, cap. XVI.

Aristocracia

En la aristocracia el poder soberano, la capacidad de legislar y la labor de hacer cumplir la ley recaen sólo en una parte de los habitantes del Estado. Al grupo en el poder Montesquieu le llama el "cuerpo de nobles", al resto le llama "pueblo". Unos ejercen el rol de monarcas, mientras que los otros son súbditos.[49]

La designación de los cargos públicos no puede hacerse por sorteo pues ya Montesquieu advertía que lo propio de la aristocracia es la elección, mientras lo propio de la democracia es el sorteo:[50] "En un gobierno en el que ya existen las distinciones más dolorosas, no se haría uno menos odioso al ser elegido por la suerte: en estas personas se envidiaba al noble y no al magistrado".[51] No sólo el pueblo envidia a los nobles (desearía tener sus prerrogativas), sino que los nobles están en pugna, se *envidian* unos a otros (en virtud de quién es más rico, quién tiene más tierras, quién tiene más soldados a su mando, etc.). Elegir los cargos públicos por sorteo, opina Montesquieu, sólo agravaría esa envidia.[52]

Es preciso advertir que Montesquieu jamás afirma expresamente que dicha pugna entre los nobles sea parte de la naturaleza de la aristocracia. Sin embargo, como veremos más adelante, parece que esta envidia y lucha entre los nobles queda implícitamente declarada cuando Montesquieu afirma que el principio de la aristocracia (la pasión humana que motiva la acción en dicho Estado) es la virtud de la moderación.

Si el cuerpo de nobles es muy extenso, la aristocracia también requerirá de un senado que tome todas aquellas decisiones que no pueda tomar con prontitud y eficacia la totalidad el cuerpo de nobles. A su vez, preparará la presentación de los asuntos sobre los que sí pueda deliberar eficazmente el cuerpo de nobles.[53]

---

[49] Cfr. *Ibid.*, lib. II, cap. III, p. 24.

[50] Cfr. *Ibid.*, lib. II, cap. II, p. 22.

[51] *Ibid.*, lib. II, cap. III, p. 24.

[52] Cfr. *Idem.*

[53] Cfr. *Idem.*

En ese sentido, dice Montesquieu, la aristocracia se traslada al senado mientras que en el cuerpo de nobles se instaura una interacción democrática. Los senadores, electos por los miembros del cuerpo de nobles, han sido electos en virtud de alguna cualidad especial que los hace destacar. Por tal motivo, el senado es la "sede" de la aristocracia. Dado que los nobles han delegado autoridad de toma de decisiones al senado y el resto de los aristócratas están igual de facultados para votar sobre los asuntos que escapan a la jurisdicción del senado, no hay diferencias entre ellos en términos de derechos políticos. Todos los aristócratas podrían virtualmente ser miembros del senado. Todos los aristócratas que no forman parte del senado tienen igual derecho de voto en asamblea. En ese sentido, la aristocracia, *ad intra*, opera democráticamente. Todos los aristócratas tienen igual posibilidad del ejercicio de la soberanía, a costa de que el pueblo queda completamente excluido de la toma de decisiones.[54]

La mejor aristocracia es aquella en la que el sector del pueblo que no interviene en el poder es tan pequeño y tan pobre que el sector dominante no tiene interés en oprimirle. Así, cuando Antipatro dispuso en Atenas que los que no tuviesen dos mil dracmas quedasen excluidos del derecho de votar, dio origen a la mejor aristocracia posible, porque esta cuota era tan pequeña que no excluía más que a un reducido número de ciudadanos, y, desde luego, a nadie que gozara de alguna consideración en la ciudad.

Así pues, las familias aristocráticas deben ser pueblo en la medida en que esto sea posible. La aristocracia será más perfecta cuanto más se acerque a la democracia; cuanto más se acerque a la monarquía, será menos perfecta. La más imperfecta es aquella en que el sector del pueblo que obedece es civilmente esclavo del que manda, como la aristocracia de Polonia, donde los campesinos son esclavos de la nobleza.[55]

---

54   Cfr. *Idem.*

55   *Ibid.*, lib. II, cap. III, p. 26.

La aristocracia no es una democracia, es un gobierno basado en la desigualdad. Algunas personas gobiernan sobre el resto en virtud de alguna característica (mayor conocimiento, mayor riqueza, mayor poder militar, etc.). A pesar de que todos los aristócratas tienen los mismos derechos políticos, Montesquieu implícitamente reconoce que hay una pugna entre ellos, porque incluso en un gobierno desigual, hay personas más desiguales que otras. Para que esta forma de gobierno pueda subsistir sin que los aristócratas se maten entre sí, debe reinar entre los nobles un espíritu democrático, de considerarse los unos iguales a los otros.[56]

Montesquieu afirma que el principio de la aristocracia (la pasión que necesariamente debe incentivar la acción en este Estado para que preserve su naturaleza) también es la virtud, pero es una virtud particular, la de la moderación.[57]

Los primeros dos grandes dilemas de la aristocracia que se resuelven mediante la virtud de la moderación se encuentran en el ámbito de la aplicación de las leyes. La aristocracia, advierte Montesquieu, contiene al pueblo mediante las leyes para preservar su estatus de aristocracia. Sin embargo, esa contención puede tornarse con facilidad en represión contra el pueblo, que si alcanza proporciones mayúsculas, puede incentivar una revuelta popular. Aplicar la ley moderadamente, sin excesos ni brutalidad, reduce la posibilidad de que el pueblo se irrite y en asonada derroque a sus opresores.[58]

El segundo gran dilema de los aristócratas es la imparcialidad en el momento de aplicar la ley. Los nobles crean y hacen cumplir las leyes. Si algún noble viola la ley, es sancionado por otro noble (*e.g.* un juez), situación que daña la cohesión del grupo y sus posibilidades de seguir controlando al pueblo.[59]

Los nobles enfrentan una paradoja. Por un lado, ellos crean las leyes y ellos las hacen cumplir. Cumplirlas les permite preservar su estatus privilegiado por el orden que generan en la sociedad, porque están hechas a modo

---

[56]   Cfr. *Idem*.

[57]   Cfr. *Ibid.*, lib. II, cap. III; lib. III cap. IV; V, cap. VIII.

[58]   Cfr. *Idem*.

[59]   Cfr. *Ibid.*, lib. III, cap. IV.

para su beneficio o por cualquier otra razón. Sin embargo, cualquier castigo contra otro noble que sea realizado conforme a la ley perjudica al grupo. Lo mejor sería no cumplir la ley, que el juez hiciera una "pequeña excepción" que el magistrado se "equivocara", pues un aristócrata que no pisa la cárcel o que no es deshonrado es un aliado más en la lucha por mantener el *statu quo*.[60]

La solución a esta paradoja y a la intrínseca envidia entre los aristócratas de la que hablábamos hace un momento, propone Montesquieu, es la virtud de la moderación, que puede tener dos expresiones. La mejor versión sería una moderación que permitiera a los aristócratas ver al pueblo como si fueran sus iguales. Tal forma de vida eventualmente conduciría al establecimiento de una democracia. Si los aristócratas no logran ese grado de virtud, al menos deben verse a ellos mismos como si fueran iguales. Es decir, deben vivir su aristocracia como si fuera una democracia, considerándose los unos iguales a los otros. De tal forma, puede generarse un sentimiento de comunidad entre los aristócratas que permite su conservación.[61]

Si los nobles pelean entre sí para mejorar su estatus, para adquirir más del bien particular que hace que las personas en ese Estado sean consideradas nobles (dinero, poder militar o cualquier otra cosa), la aristocracia se tornará simplemente en una carrera hacia la monarquía, hacia ocupar el puesto más alto de la aristocracia. La moderación es una virtud para la aristocracia precisamente porque no la tiene naturalmente, necesita adquirirla para poder *sobrevivir* como aristocracia. Si los aristócratas no logran formar comunidad, están simultáneamente enemistados con el pueblo y con ellos mismos.[62]

Hasta ahora hemos detectado dos de los beneficios que reporta la moderación a la aristocracia: 1. La aplicación moderada de las leyes evita irritar al pueblo (de por sí profundamente molesto por estar excluido de la toma de decisiones políticas). 2. La eliminación de la envidia entre los aristócratas al instaurar entre ellos una interacción (una ficción) democrática. Pero

---

60 Cfr. *Idem*.

61 Cfr. *Idem*.

62 Cfr. *Ibid*., lib. III, cap. IV y lib. V, cap. VIII.

retomemos el ejemplo de la "aristocracia ideal" que Montesquieu nos proponía en la cita anterior, un Estado en el que el pueblo es tan pobre y tan pequeño en número que los aristócratas no tienen interés en reprimirlo;[63] ¿por qué respetar las leyes en un contexto así? ¿Por qué no explotarlas en beneficio de la aristocracia?

Ante tal escenario, quizás ya no haría falta esforzarse por recibir ese primer beneficio de la moderación, un pueblo en condiciones tan precarias no sería una amenaza para la aristocracia. Pero abandonar la aplicación de la ley y explotarla para beneficio de la aristocracia resultaría contraproducente por dos razones.

Primera: si el pueblo es tan pobre que no tiene caso oprimirlo, la aplicación de la ley por "compadrazgos" o por capricho, podría generar mucha discordia entre los aristócratas (finalmente, sólo entre ellos valdría la pena robarse). Segunda: la aplicación caprichosa de la ley es una nota distintiva del gobierno despótico. Si la aristocracia incurriera en esta conducta, sería un signo inequívoco de su corrupción (de que esta forma de gobierno se está transformando en otra) y pasaría poco tiempo antes de que los aristócratas, hartos de la discrecionalidad, se abalanzaran en guerra civil los unos contra los otros.[64]

Por tal motivo, cualquiera de los dos grados de moderación de los que habla Montesquieu se traducen necesariamente en: 1. *Mesura*, aplicación moderada de la ley para no reprimir al pueblo. 2. *Imparcialidad* en la aplicación de las leyes (se trate de un aristócrata o de un miembro del pueblo). 3. *Interacción democrática* entre los aristócratas, que viven como si fueran iguales.[65] Si una aristocracia sigue estas tres prescripciones arquitectónicas, minimizará los riesgos de una insurrección popular, erradicará la envidia entre los nobles e impedirá que la aristocracia degenere en una tiranía con muchos tiranos (en un gobierno que aplica la ley discrecionalmente).

---

[63]   Cfr. *Ibid.*, lib. II, cap. III, p. 26.

[64]   Cfr. *Ibid.*, lib. II, cap. III; lib. III, cap. IV; lib. V, cap. VIII; lib. VIII, cap. V.

[65]   Cfr. *Idem.*

Montesquieu sostiene que estas tres directrices son indispensables para la supervivencia de la aristocracia tanto en el caso de vivir en una "aristocracia ideal", como en el caso de vivir en una aristocracia en la que el pueblo no es ni tan pequeño ni tan pobre.

Montesquieu en todo momento insiste que, aunque la constitución del Estado aristocrático es de suyo desigual, las leyes que de ella emanen deben propiciar (e incluso forzar) la moderación entre los aristócratas para lograr la plena implementación de las tres directrices anteriormente mencionadas (en especial, la tercera).

> Si el pueblo es virtuoso en la aristocracia, disfrutará de la dicha del Gobierno popular y el Estado se hará poderoso. Pero como es raro que haya mucha virtud allí donde las fortunas de los hombres son tan desiguales, es indispensable que las leyes tiendan a infundir, tanto como sea posible, el espíritu de la moderación, y se encaminen a restablecer la igualdad que la constitución del Estado suprime necesariamente.

> [...] Si el fausto y esplendor que rodean a los reyes forman parte de su poder, la modestia y sencillez de maneras constituye la fuerza de los nobles aristócratas. Cuando [los aristócratas] no alardean de ninguna distinción, cuando se confunden con el pueblo, cuando se visten como él, cuando le hacen compartir todos sus placeres, el pueblo olvida su debilidad.[66]

El desorden y la discordia en una aristocracia pueden acaecer por causa de dos acontecimientos. O porque la diferencia entre los gobernantes (el cuerpo de nobles) y los gobernados (el pueblo) es excesiva (lo cual incita la insurrección del pueblo), o porque las diferencias entre los aristócratas (en sus privilegios, sus precedencias, etc.) son desmesuradas.[67]

Los aristócratas, advierte Montesquieu, no deben adoptar el principio de la monarquía, a saber, el honor. Si los aristócratas empiezan a poseer

---

[66] *Ibid.*, lib. V, cap. VIII, p. 63.

[67] Cfr. *Ibid.*, lib. V, cap. VIII, pp. 63-64.

títulos y privilegios no en virtud de pertenecer al cuerpo de nobles (a la aristocracia), sino que individualmente cada aristócrata posee privilegios distintos, se generará envidia y odio entre sus miembros.[68]

Si los privilegios de los aristócratas no sólo son de carácter honorífico, sino que les permiten explotar al pueblo (por ejemplo: exentando a los aristócratas de impuestos, permitiéndoles evadirlos mediante fraude, autorizándolos a apropiarse de ellos como pago de los "servicios" que prestan a la comunidad política, o simplemente facultándolos a cobrar impuestos), entonces se harán odiosos a los ojos del pueblo.[69]

Montesquieu cita como ejemplo de una aristocracia exitosa a Roma,[70] en la que: 1. Los magistrados no cobraban sueldo por sus cargos públicos (ya bastante irritante resultaba al pueblo no poder acceder a muchos cargos públicos). 2. Los aristócratas pagaban sus impuestos, incluso a veces impuestos especiales. 3. En lugar de repartirse entre ellos las riquezas del Estado, las repartían entre el pueblo "para hacerse perdonar sus honores".[71] Con todas estas estrategias, los nobles romanos evitaban la insurrección del pueblo.

La tercera estrategia es interesante porque mientras que en la democracia el reparto de dinero a todo el pueblo mata el espíritu ciudadano (pues el pueblo ya sólo esperaría pacientemente su salario, en vez de dedicarse a los asuntos públicos), en la aristocracia permite perpetuar el régimen.[72]

Montesquieu incluso propone una segunda versión de esta tercera estrategia. Si los aristócratas no pueden (o no quieren) repartir entre el pueblo parte de las riquezas que su posición privilegiada les ha permitido adquirir, al menos deben mostrar al pueblo que las riquezas del Estado están bien administradas, pues "mostrárselas es, en cierto modo, hacérselas disfrutar".[73] Poner, por ejemplo, los despojos recién capturados tras una guerra en el templo de la ciudad o en un museo, puede ser gesto suficiente para satisfacer

---

68   Cfr. *Idem.*

69   Cfr. *Ibid.*, lib. V, cap. VIII, pp. 64-65.

70   Cfr. *Idem.*

71   *Ibid.*, lib. V, cap. VIII, p. 64.

72   Cfr. *Ibid.*, lib. II, cap. II, p. 23 y lib. V, cap. VIII, p. 65.

73   *Ibid.*, lib. V, cap. VIII, p. 65.

a la gente, pues genera el sentimiento de que esos bienes están al alcance de la mano (aunque la realidad sea muy diferente).

Montesquieu es tajante cuando prescribe limitaciones económicas a los aristócratas. Si el cuerpo de nobles tiene autorizado el cobro de impuestos, la aristocracia se convertirá en un gobierno despótico con muchos déspotas que despojan al pueblo de sus bienes.[74]

En ese sentido, Montesquieu también prohíbe a los aristócratas el emprender cualquier actividad comercial: "Es preciso que las leyes les prohíban también el comercio: mercaderes tan acreditados implantarían toda clase de monopolios. El comercio es profesión de gentes iguales. Los Estados despóticos más desdichados son aquellos cuyo príncipe es mercader".[75]

Si los aristócratas redactan y hacen cumplir las leyes, tienen todos los incentivos para hacer las normas comerciales y fiscales a modo. Si son los regentes los que se dedican principalmente al comercio, la política comercial y fiscal muy probablemente no se diseñará en aras de beneficiar la actividad comercial en general, sino para llenar los bolsillos de quienes detentan el poder.

Esta situación nuevamente no sólo puede agraviar al pueblo (*e.g.* afectar el bolsillo de quienes tienen que comprar los productos bajo un monopolio), sino que además podría generar riquezas desproporcionadas que introduzcan la envida y la discordia entre los aristócratas. Igual que en el caso de la democracia, Montesquieu prescribe arquitectónicamente que no debe haber desigualdad en las riquezas de los miembros del cuerpo de nobles. El objetivo es el mismo, preservar la igualdad (en este caso, entre los aristócratas). Porque si ésta se pierde, comenzará una lucha entre los nobles que acabará disolviendo la aristocracia. Ése es el objetivo de las prescripciones arquitectónicas, lograr que un Estado conserve la naturaleza y principio de su forma de gobierno.

Concluido este resumen del diseño de la aristocracia, hago una acotación metodológica. Salvo para referirme a cuestiones muy específicas, en el resto de esta obra me referiré a la democracia y a la aristocracia con el nombre

---

[74] Cfr. *Ibid.*, lib. V, cap. VIII, pp. 63-65.

[75] *Ibid.*, lib. V, cap. VIII, pp. 65-66.

genérico (usado por el propio Montesquieu) de "república". Porque como podrá haber notado el lector, Montesquieu mediante sus prescripciones arquitectónicas reduce la aristocracia a una cierta forma de gobierno democrático.

La aristocracia es un gobierno basado en la desigualdad. Pero para que entre los nobles no reinen la discordia ni la envidia, deben convivir entre ellos *como si* fueran iguales, como si entre ellos hubiera una democracia. Y por ese motivo, muchas de las prescripciones arquitectónicas (si no es que todas) que Montesquieu hace para la democracia, aplican también para la democracia entre los aristócratas.[76]

¿Por qué hacer equivalentes ambas formas de gobierno cuando Montesquieu ya ha dedicado varias páginas a explicar en qué sentido son distintas? Porque las consecuencias prácticas de ambas formas de gobierno, aunque tienen motivaciones distintas, son exactamente las mismas.

Por ejemplo, la democracia es un gobierno de leyes porque el pueblo, consciente de que es su autor, las ama y las hace cumplir (y porque si el pueblo no se auto motiva a cumplirlas, ningún otro cuerpo externo las hará cumplir). En la aristocracia, las leyes no se hacen cumplir porque se amen, sino para no generar discordia ni con el pueblo ni entre el cuerpo de nobles. Pero la consecuencia práctica es la misma, a saber, que en ambos gobiernos se cumplen las leyes.

La segunda característica compartida es la igualdad. Es cierto, no todos los habitantes de una aristocracia son iguales (hay un grupo excluido, el pueblo). Pero al menos todos los aristócratas, para no generar envidias, deben considerase iguales entre sí (si aspiran a que la aristocracia sobreviva sin convertirse en una lucha de envidias). No se desea la igualdad porque se ame la igualdad, sino en aras de alcanzar un objetivo, la preservación del estatus privilegiado de la aristocracia. Y aunque la igualdad entre los aristócratas proceda de una motivación distinta de la que está detrás de la igualdad

---

[76] Esta acotación metodológica tiene sustento bibliográfico. En muchas ocasiones el lector podrá encontrar que en los primeros doce libros de *Del espíritu de las leyes*, Montesquieu habla de la democracia y la aristocracia como sinónimos bajo la etiqueta de "república". Por ejemplo, en los libros VIII-X, en los que queda expuesto por qué la república es la forma más pacífica de gobierno, jamás dice Montesquieu "la democracia es la forma más pacífica de gobierno" ni "la aristocracia es la forma más pacífica de gobierno", sino que se refiere a ambas por igual con el rótulo de "república".

en la democracia (el amor a la república, el deseo de preservar su configuración íntima que la hace ser esa forma de gobierno y no otra), sus consecuencias prácticas son las mismas. A saber, que todos los aristócratas tienen los mismos derechos políticos y que entre ellos deliberan y deciden exactamente igual que en una democracia: algunas cosas se votan directamente, algunas cosas las decide el senado, otras más se delegan a ciertos magistrados, etcétera.

La tercera característica compartida, que desarrollaré hasta el cuarto capítulo, es que sólo la democracia y la aristocracia son susceptibles de ser gobiernos con división de poderes.

Es por todo lo anterior que siguiendo la terminología del propio Montesquieu, me referiré de aquí en adelante a ambas formas de gobierno con el término genérico de "república".

Monarquía

El gobierno monárquico es el gobierno de uno conforme a leyes. En él, el príncipe es el origen de todo poder político y civil. Sin embargo, es necesario que ese poder fluya también por medio de canales intermedios y subordinados, pues el príncipe no puede gobernar por sí solo. Sin esos canales intermedios, si "en el Estado no hubiera más que la voluntad momentánea y caprichosa de uno solo, nada podría tener fijeza y, por consiguiente, no habría ninguna ley fundamental".[77] El poder intermediario por excelencia entre el monarca y sus súbditos es la nobleza, "*sin monarca no hay nobleza, sin nobleza no hay monarca, sino déspota*".[78]

Montesquieu reconoce como buena práctica el hábito de algunas monarquías europeas de nombrar a ciertas familias como las encargadas de ámbitos específicos del gobierno. Así, algunas familias se especializan por generaciones en la defensa de la nación. Otras, en el cobro de impuestos.

---

[77]   *Ibid.*, lib. II, cap. IV, p. 27.

[78]   *Idem.*

Otras más en la construcción, de tal forma que cada familia pone su *expertise* al servicio del monarca.

Además de la nobleza, advierte Montesquieu, debe existir un cuerpo depositario de las leyes. Estos individuos "anuncian las leyes cuando se hacen y las recuerdan cuando se olvidan".[79] Este cuerpo no puede ser la nobleza, que es naturalmente descuidada sobre los asuntos del gobierno civil. Tampoco puede ser el Consejo del príncipe, que es "el depositario de la voluntad momentánea del príncipe".[80] Dicho consejo cambia con frecuencia y, aunque puede tener el favor del príncipe, no tiene el del pueblo, por lo cual no tiene autoridad para llamarlo a enmendar el camino.[81]

El principio de la monarquía (el entramado de incentivos y pasiones que ponen en movimiento a los individuos en esta comunidad política) es el honor.[82]

> El gobierno monárquico supone, como hemos dicho, preeminencias, rangos e incluso nobleza de origen. Por naturaleza, el honor exige preferencias y distinciones... La ambición es perniciosa en una república. Por el contrario, en la monarquía produce buenos efectos... El honor pone en movimiento todas las partes del cuerpo político, las une en virtud de su propia acción y así resulta que cada uno se encamina al bien común cuando cree obrar por sus intereses particulares.[83]

El resorte o principio de la monarquía no es la virtud, pues no hay nada más vicioso y superficial que el ambiente cortesano.

---

79   *Ibid.*, lib. II, cap. IV, p. 28.

80   *Ibid.*, lib. II, cap. IV, p. 29.

81   Cfr. *Ibid.*, lib. II, cap. IV, pp. 28-29.

82   Cfr. Javier Espino Martín, "Estética de la recepción e historia de las ideas en el siglo XVIII. La *virtus* y el *honestum* ciceronianos en el 'honor nobiliario' de Montesquieu y la 'educación cívica' de Gaspar Melchor de Jovellanos", en *Tópicos*, núm. 53, 2017, pp. 325-72.

83   Montesquieu, *op. cit.*, lib. III, cap. VII, pp. 36-37.

> La ambición en la ociosidad, la bajeza en el orgullo, el deseo de enriquecerse sin trabajar, la aversión por la verdad, la adulación, la traición, la perfidia, el abandono de todo compromiso, el desprecio de los deberes de ciudadano, el temor de la virtud del príncipe, la esperanza de sus debilidades y, sobre todo, el ridículo de que siempre se cubre a la virtud, constituyen a mi modo de ver el carácter de la mayoría de los cortesanos en todas partes y en todas las épocas.[84]

No es imposible que haya príncipes y cortesanos virtuosos. Pero no es indispensable que los haya para que la monarquía funcione. La ambición personal de los nobles (por obtener más títulos, rangos, precedencias y privilegios) es incentivo más que suficiente para que obedezcan las leyes y cumplan la voluntad del príncipe.[85]

Al igual que en las repúblicas, la educación es crucial para el correcto funcionamiento de la monarquía.

> Las leyes de la educación son las primeras que recibimos, y como nos preparan para ser ciudadanos, cada familia particular debe gobernarse conforme al plan de la gran familia que comprenden todas.

> Si el pueblo en general tiene un principio, las partes que la componen, o sea las familias, lo tendrán igualmente.[86]

La educación en el honor, dice Montesquieu, no se adquiere en los establecimientos de instrucción pública, sino cuando el niño sale al mundo. Tal educación consta de tres elementos: la nobleza, la franqueza y la urbanidad.[87]

> El mundo es la escuela del honor... Las virtudes que el mundo nos enseña no son lo que debemos a los demás, sino más bien lo que se debe

---

84 *Ibid.*, lib. III, cap. V, p. 35.

85 Cfr. *Ibid.*, lib. III, caps. V-VIII.

86 *Ibid.*, lib. IV, cap. 1, pp. 40-41.

87 Cfr. *Ibid.*, lib. IV, cap. II, pp. 41-43.

uno a sí mismo, y de esta manera no son lo que nos acerca a nuestros conciudadanos, sino lo que nos distingue de ellos.

Las acciones de los hombres no se juzgan como buenas, justas o razonables, sino como bellas, grandes y extraordinarias. Si el honor puede encontrar en ellas algo de nobleza, es siempre el juez que las legitima, o el sofista que las justifica.

El mundo permite la galantería cuando va unida a la noción de grandeza de ánimo o a la magnitud de los negocios...[88]

A diferencia de la educación republicana, la educación monárquica no está orientada a unir a los ciudadanos, sino a distinguirlos. Bajo el lente del honor, toda empresa grande, magnánima o extraordinaria es tenida por valiosa. Es una oportunidad para distinguirse del resto de los conciudadanos.

En segundo lugar, dice Montesquieu, en las monarquías se enseña a los nobles a ser francos al hablar, "no por amor a la verdad, sino porque el hombre que acostumbra decirla parece osado y libre, dependiente sólo de las cosas y no de la manera como otro las recibe".[89] Pero, paradójicamente, los nobles consideran la franqueza y el interés de los hombres sencillos (del pueblo) en la verdad, como un signo de bajeza.[90]

Por último, dice Montesquieu, la urbanidad es una de las señales distintivas de la educación en el honor.

Los hombres, nacidos para vivir en sociedad, nacieron también para agradarse unos a otros, de manera que si alguno no observara las reglas de urbanidad ofendería a todos a los de su alrededor y se desacreditaría hasta tal punto que se vería incapacitado para hacer ningún bien.

---

[88]   *Ibid.*, lib. IV, cap. II, p. 41.

[89]   *Ibid.*, lib. IV, cap. II, p. 42.

[90]   Cfr. *Idem.*

Pero la urbanidad no nace de manantial tan puro, sino del afán de distinguirse. Somos educados por orgullo: nos sentimos halagados porque tenemos modales que prueban que no provenimos de las clases bajas y que no hemos vivido con esas gentes abandonadas en todas las edades... La educación da a entender que uno pertenece a la Corte, o que es digno de pertenecer a ella.[91]

El ambiente cortesano genera también delicadeza de gusto, pues los nobles, acostumbrados a un vaivén de cosas superfluas que les ha proporcionado la fortuna, han llegado incluso al hastío de los placeres y la confusión de los caprichos.[92]

Todos estos elementos, el criterio de qué acciones son nobles, la franqueza, la urbanidad y la delicadeza de gusto, educan la afectividad y la forma de pensar de los nobles para vivir en el gobierno monárquico.

Aunque la educación monárquica parece sumamente frívola, es precisamente el honor el que hace a las monarquías una de las formas más proclives a la guerra; como se verá en el siguiente capítulo.

Gobierno despótico

El gobierno despótico es el gobierno de uno solo conforme a su capricho. Esta persona, a quien constantemente se le dice "que él es todo y que los demás no son nada",[93] fácilmente cae en la pereza, la ignorancia y la sensualidad. Todo placer, todo bien, toda satisfacción, toda adulación, está al alcance de su mano y se le ofrece en un desfile interminable. Una persona así, advierte Montesquieu, abandona los negocios del Estado al poco tiempo para dedicarse a disfrutar de los placeres adquiridos. Por tal motivo, delegará la administración del Estado a un "visir". Si la delegara en varios hombres,

---

91   *Idem.*

92   Cfr. *Ibid.*, lib. IV, cap. II, pp. 42-43.

93   *Ibid.*, lib. II, cap. V, p. 29.

sólo generaría una lucha e intrigas para ver quien ocupa el puesto de "primer esclavo".[94]

El príncipe vive embriagado, embrutecido en su afectividad y en su entendimiento: "Cuanto más extenso es el imperio… más se embriaga el príncipe de placeres… Cuántos más pueblos tiene que gobernar el príncipe menos piensa en el gobierno, y cuanto más importantes son los negocios del Estado, menos se delibera sobre ellos".[95]

El principio del gobierno despótico, dice Montesquieu, es el temor. Bajo esta forma de gobierno, todo se hace por miedo a la ira del príncipe. Una persona confiada es capaz de iniciar una revolución. Por eso los ánimos deben estar siempre abatidos, para que no despierte ni la más mínima ambición de derrocar al regente.[96]

Un gobierno moderado puede aflojar la tensión de vez en cuando, tiene su fuerza y sus leyes. Pero si el déspota reduce la tensión sólo un momento, si por un instante no es capaz de destruir a sus adversarios, está perdido.[97]

La obediencia al príncipe en esta forma de gobierno, dice Montesquieu, es absoluta; no cabe sugerencia ni amonestación a su mandato, no puede ponerse pretexto alguno (por legítimo que sea) ni expresarse temor por acontecimientos futuros. Si eso se pudiera, la ley fundamental del gobierno despótico (su constitución, su naturaleza más íntima) se contradeciría, pero la ley no puede tener contradicción.[98]

En el Estado despótico no puede haber honor porque todos los hombres son iguales en su esclavitud. El honor tiene reglas y caprichos propios, no se doblega ante el capricho ajeno. El honor impone límites a la conducta y precisamente por ello el déspota no puede permitirlo, porque minaría la obediencia.[99] Los déspotas con frecuencia exigen a sus sirvientes cometer las más indecibles atrocidades. Y una persona educada en el honor no

---

[94] Cfr. *Idem.*

[95] *Ibid.*, lib. II, cap. V, p. 30.

[96] Cfr. *Ibid.*, lib. II, cap. V y lib. III, caps. VIII-X.

[97] Cfr. *Idem.*

[98] Cfr. *Idem.*

[99] Cfr. *Idem.*

podría hacer más que rechazar tales órdenes. De hecho, dice Montesquieu, uno de los signos de la corrupción de la monarquía (cuando se convierte en gobierno despótico) es: 1. El príncipe empieza a centralizar la toma de decisiones, quitando a sectores de la nobleza las áreas de responsabilidad que anteriormente tenían en el gobierno. 2. El príncipe empieza a recompensar con títulos y precedencias a quienes accedieron a cometer alguna infamia en su nombre.

> Lo que perdió a las dinastías Tsin y de Sui, dice un autor chino, fue que los príncipes quisieron gobernar todo directamente por sí mismos, en lugar de limitarse, como los antiguos, a una inspección general, única cosa digna de un soberano.

> [...] La monarquía se pierde cuando, alterando el orden de las cosas, el príncipe cree mostrar su poder de manera más firme que manteniendo dicho orden; cuando a unos les quita sus funciones naturales para dárselas a otros arbitrariamente [...] La monarquía se pierde cuando el príncipe, poniéndolo todo en relación exclusiva consigo mismo, llama Estado a su capital, capital a su corte y corte a su persona.

> [...] El principio de la monarquía se corrompe cuando las primeras dignidades son los signos de la primera esclavitud y cuando se despoja a los grandes del respeto del pueblo, convirtiéndolos en viles instrumentos del poder arbitrario.

> Se corrompe más aún, cuando el honor está en contradicción con los honores, y cuando se puede estar a la vez cubierto de infamia y de dignidades.

> [...] El principio de la monarquía se corrompe cuando almas especialmente cobardes [...] creen que aquello que hace que todo se deba al príncipe, hace que no se deba nada a la patria.[100]

---

[100] *Ibid.*, lib. VIII, caps. VI-VII, pp. 133-134.

Estas últimas líneas son clave para entender el entramado de incentivos que operan dentro de un gobierno despótico. El honor y las atrocidades son incompatibles. Pero el déspota supera esta contradicción ofreciendo dignidades y reconocimiento a quienes renuncian a las exigencias del honor para obedecerle.

El ejemplo de una monarquía que degenera en despotismo es muy ilustrativo, porque Montesquieu destaca en él un peligro arquitectónico adicional causado por el proceso de centralización de tomas de decisiones. Si un monarca acapara cada vez más la toma de decisiones, se pone en peligro a sí mismo y a la monarquía. "Un monarca debe creerse siempre seguro, del mismo modo en que un déspota debe creerse siempre en peligro [...] a medida que el poder del monarca se va haciendo inmenso, su seguridad disminuye".[101]

Si un hombre (noble o monarca) está verdaderamente comprometido con la preservación de la monarquía, debe evitar este proceso de centralización de toma de decisiones que la transforma en un gobierno despótico; pues pone en peligro al epicentro de la vida política de la monarquía, al monarca.[102]

Hay una relación proporcional entre el nivel en el que el monarca acapara la toma de decisiones y la cantidad de personas que quieren asesinarlo para tomar su lugar. Si el poder está distribuido, no basta destruir una figura de autoridad (aunque sea la más importante) para que la totalidad del Estado deje de funcionar (pues cada noble continuaría trabajando en sus ámbitos de responsabilidad).

La centralización no sólo pone en peligro al monarca sino a la monarquía, porque corrompe la naturaleza de esa forma de gobierno al deshacerse de su clase más importante (la nobleza, que hace caminar los negocios del Estado en distintos ámbitos), convirtiendo al gobierno en despótico.

Es por todo lo anterior que el déspota se ve forzado a infundir terror permanentemente entre sus súbditos. Todos desean ocupar ese puesto de

---

[101] *Idem.*

[102] Cfr. *Idem.*

autoridad absoluta. Y al igual que otras formas de gobierno, la educación juega un papel fundamental en la preservación del régimen:

> Del mismo modo que en las monarquías la educación tiende sólo a elevar el ánimo, en los Estados despóticos sólo procura abatirlo. Es preciso, pues, que en ellos la educación sea servil. Será un bien incluso para el que manda haberla tenido así, ya que nadie es tirano si no es al mismo tiempo esclavo.

> La obediencia extremada supone ignorancia en el que obedece, pero también en el que gobierna, pues no tiene que deliberar, dudar ni razonar, le basta querer.[103]

La educación despótica no es una educación ciudadana, una educación para vivir en libertad en un marco de leyes. Por el contrario, es una educación en el temor y la servidumbre cuyo único propósito es facilitar la consecución de los deseos del príncipe.

Pero esta forma de gobierno no se sostiene sólo con el temor. ¿Qué clase de pueblo toleraría semejante represión? Ningún hombre gobierna solo. El príncipe gobierna mediante sus sirvientes, que tienen, además del temor, otro incentivo para servirle: las *recompensas* por su lealtad.[104]

Los incentivos para preservar las otras formas de gobierno son claros. En la democracia, se ama a la república y se le preserva mediante el amor y la virtud. En la aristocracia, los aristócratas preservan el régimen para conservar su estatus privilegiado. En la monarquía, los nobles persiguen el honor. Pero, ¿por qué alguien querría preservar un régimen de opresión? Porque el déspota recompensa con dinero, tierra, placeres... todo aquello que apele a la sensualidad de sus sirvientes o que pueda hacer ligeramente menos miserable la vida en medio de la tiranía.

---

[103] *Ibid.*, lib. IV, cap. 4, p. 44.

[104] Cfr. *Ibid.*, lib. V, caps. XVII-XVIII.

En una república los presentes son odiosos porque la virtud no necesita de ellos. En una monarquía, el honor es motivo más poderoso que los presentes. Pero en el Estado despótico, donde no hay honor ni virtud, nadie puede decidirse a obrar sino con la esperanza de las comodidades de la vida... y así el príncipe no puede recompensar más que dando dinero.[105]

Los sirvientes del príncipe no sólo reciben premios directamente por su obediencia, sino que disfrutan individualmente de la característica más esencial del despotismo, la *discrecionalidad*. En el gobierno despótico, dice Montesquieu, ocurre un fenómeno político muy peculiar que denomina la "comunicación íntegra del poder". Todos los funcionarios, desde la mano derecha del príncipe (el visir) hasta el funcionario más pequeño, están igualmente facultados para participar del saqueo, la represión y la arbitrariedad que el príncipe ejerce contra todos:[106]

En el gobierno despótico el poder pasa íntegro a manos de aquel a quien se confía. El visir es el propio déspota y cada oficial particular es el visir. En el gobierno monárquico el poder se aplica menos inmediatamente: por el hecho de conferirlo, el monarca lo atempera. Hace tal distribución de su autoridad que no da nunca parte de ella sin retener otra mayor.

[...] En este gobierno [despótico] la autoridad no puede estar compensada; la del más pequeño magistrado no lo está más que la del déspota. En los países moderados la ley es prudente en todas partes, y en todas partes se conoce, de modo que los más pequeños magistrados pueden seguirla. Pero en el despotismo, donde la ley no es más que la voluntad del príncipe, aun cuando éste fuese prudente, es imposible que un

---

[105] *Idem*.

[106] Cfr. *Ibid*., lib. II, cap. V; lib. III, caps. VIII-XI; lib. IV, cap. III; lib. XIII-XIX.

magistrado siga una voluntad que no conoce; por eso tiene que seguir la suya propia.

Hay aún más: como la ley no es más que lo que el príncipe quiere, y como el príncipe sólo puede querer aquello que conoce, es preciso que haya muchos que quieran por él y como él.

Finalmente, al ser la ley voluntad momentánea del príncipe, es preciso que los que quieran por él, quieran, de pronto, como él.[107]

Cada funcionario, incluso en la parte más recóndita y abandonada del país, tiene tanto poder y discrecionalidad como el príncipe mismo. La ley es su voluntad, lo que le apetezca en ese momento. El funcionario puede confiscar, embargar, tasar, encarcelar y absolver a voluntad.

La arbitrariedad de los funcionarios es tan extrema, dice Montesquieu, que en los gobiernos despóticos es sumamente común que cualquier interacción con una autoridad esté precedida por un regalo. Sin regalo, no se te otorgará audiencia.[108]

En resumidas cuentas, el gobierno despótico se sostiene a partir de dos incentivos. Por un lado, la ambición, trabajar para el príncipe es una vía fácil de acceso a la riqueza. Por otro, el temor, de tal forma que si no funciona la persuasión, funcionará la violencia.

Discrecionalidad, temor, represión, ¿puede el gobierno despótico ser peor? Sí, por su característica inestabilidad política. Dado que todos envidian el lugar privilegiado del príncipe, éste se encuentra permanentemente en peligro y depende radicalmente de su ejército. El príncipe enfrenta una paradoja. Su ejército es quien lo mantiene en el poder (pues es la única organización capaz de otorgarle las condiciones extremas de seguridad

---

107   *Ibid.*, lib. V, cap. XVI, pp. 79-80.

108   Cfr. *Ibid.*, lib. V, cap. XVII.

que necesita), pero al mismo tiempo, ese ejército es el único cuerpo con capacidades reales de removerlo del trono (el famoso dilema de la guardia pretoriana).[109]

El peligro conduce al príncipe al descuido de la seguridad y el orden en todo el reino. "La conservación del Estado se reduce a la conservación del príncipe o, mejor, del palacio en que está encerrado".[110] Sólo el palacio es digno de la más meticulosa protección. Pero en esas condiciones, no podría ser más fácil orquestar un golpe militar. Si el propio ejército cuida el palacio y este edificio es el único objetivo político de importancia, capturar al príncipe es en extremo sencillo. No hace falta planear una campaña militar para tomar control de todo el país, basta capturar al déspota.

Para evitar un interminable desfile de guerras civiles, Montesquieu propone al déspota que formule criterios claros de elegibilidad de su sucesor. Puede estipular, por ejemplo, cuáles de sus parientes virtualmente podrían sucederlo en el poder. Si no hay reglas, todos sus parientes se batirán en combate. Pero si la regla dice, por ejemplo, que sólo una hermana puede sucederlo; se mitigará así la ambición de los hermanos varones.[111]

En un Estado sin criterios de sucesión, el príncipe puede designar a cualquiera como su heredero o cualquier grupo de rufianes puede imponer a un regente por las armas. Pero si hay reglas claras, "ya no se cautiva el ánimo de un príncipe débil, ni se hace hablar a los agonizantes".[112]

Las reglas de sucesión claras no sólo reducen dramáticamente la posibilidad de una guerra civil, sino que mitigan las intrigas en aquellos Estados en los que el criterio de sucesión es el parentesco de familia. En oriente (Turquía, Persia y el Mogol), dice Montesquieu, es costumbre que los hermanos se asesinen entre sí. Cuando un hermano ya ha ascendido al trono, a los demás no les espera más que la cárcel o la muerte. Por el contrario, en Europa la vida de los príncipes que no ascendieron al trono es cómoda. Conocen las claras reglas de sucesión y, conscientes de que no tienen derecho

---

109   Cfr. *Ibid.*, lib. V, cap. XIV.

110   *Ibid.*, lib. V, cap. XIV, p. 73.

111   Cfr. *Ibid.*, lib. V, cap. XIV.

112   *Ibid.*, lib. V, cap. XIV, p. 76.

a contender por el trono (*e.g.* porque el hermano que ascendió es el primogénito), se conforman y disfrutan de una vida acomodada.[113]

Las reglas de sucesión no eliminan las intrigas familiares, es evidente, admite Montesquieu. Lo que sí eliminan es la justificación de esos asesinatos so pretexto de alcanzar el trono. Si el déspota asesina a su hermano y ese hermano no cumplía con los requerimientos para asumir el trono, no puede alegar que lo hizo con el propósito de asegurar su derecho al trono. En este caso, dice Montesquieu, el pretexto para asesinar al hermano no es distinto del de asesinar a cualquier persona en un gobierno despótico. Sería simplemente otro acto de arbitrariedad, justificado por la venganza, el temor o la envidia; no por el derecho.[114]

Además, un criterio de sucesión claro (*e.g.* diseñado a partir del orden en que nacieron los miembros de una familia o abiertamente convocando a una elección entre sus vasallos), permite a los déspotas una muerte más pacífica. ¿A qué se refiere Montesquieu con eso de no hacer hablar a los agonizantes? A que si en un Estado despótico el príncipe puede elegir a cualquier persona (sea su familiar o no) como su sucesor, lo que inevitablemente sucederá es que todos los buitres, rodeándolo en su lecho de muerte, le exigirán que nombre un sucesor antes de expirar su último aliento.[115]

En el gobierno despótico, el déspota es "las leyes, el Estado y el príncipe".[116] Pero hay una autoridad frente a la cual incluso el príncipe debe agachar la cabeza, la de la religión y las costumbres.

> En los Estados despóticos, donde no hay leyes fundamentales, tampoco hay depósito de las leyes. De aquí que en estos países la religión tenga normalmente tanta fuerza, ya que es una especie de depositaria y, al mismo tiempo, representa lo permanente. Y si no es la religión, se veneran las costumbres en lugar de las leyes.[117]

---

113 Cfr. *Ibid.*, lib. V, cap. XIV.

114 Cfr. *Idem.*

115 Cfr. *Idem.*

116 *Ibid.*, lib. V, cap. XIV, p. 72.

117 *Ibid.*, lib. II, cap. IV, p. 29.

Si en un Estado las pautas del comportamiento no las dictan las leyes, la religión y las costumbres son candidatos a ocupar ese espacio normativo en la vida de sus habitantes.

Lo propio del gobierno despótico es que no haya fijeza, que todo sea pasajero como la voluntad del príncipe. Pero las disposiciones normativas de la religión o las costumbres no son tan contingentes, no se modifican con tanta facilidad. En un entorno de absoluta incertidumbre, la religión y las costumbres pueden ofrecer criterios de conducta permanentes.[118]

El príncipe podrá ordenar que se cometa cualquier atropello contra la ley natural, pero no podrá, por ejemplo, en un país musulmán, ordenar que se beba alcohol. Incluso el príncipe está sometido a los mandatos religiosos.

Pero la religión no sólo es un límite para el déspota, sino que puede ser su aliada. La religión puede legitimar la obediencia al príncipe o incluso incentivar acciones que ni siquiera el temor al príncipe es capaz de motivar. Montesquieu ofrece un par de ejemplos.

En estos Estados [despóticos] la religión tiene más influencia que en ningún otro: es un temor que viene a sumarse al otro. En los imperios mahometanos el pueblo recibe en parte de la religión el respeto asombroso que tiene por sus príncipes.

La religión corrige algo la constitución turca. Los súbditos, que no están interesados en la gloria y la grandeza del Estado por el honor, lo están por la fuerza y por el principio de la religión.[119]

Las promesas de redención y condenación, una cultura de respeto a la autoridad (*e.g.* como la japonesa),[120] la aprobación o censura social ante ciertas conductas... todos estos pueden ser poderosos incentivos para catalizar la obediencia al príncipe (o para frenarla, según sea el caso).

---

[118] Cfr. *Ibid.*, lib. II, cap. IV; lib. III, cap. X.

[119] *Ibid.*, lib. V, cap. XIV, p. 74.

[120] Cfr. *Ibid.*, lib. VI, cap. XIII.

El poder del clero es tan peligroso en una república, como conveniente en una monarquía, sobre todo en las que van hacia el despotismo. ¿Qué sería de España y de Portugal desde el momento en que perdieron sus leyes, si no fuera por esta potencia la única que contiene al poder arbitrario? Cuando no hay otra, ésta es siempre buena, pues como el despotismo causa a la naturaleza humana daños terribles, aquello que la limita será bueno, aunque en sí sea malo.[121]

Hay que tomar estos pasajes con cuidado. Montesquieu no es un autor antirreligioso, él mismo se declara cristiano en las primeras páginas del libro.[122] Lo que llama la atención de este análisis de la religión y las costumbres es que incluso en un Estado en el que nada tiene fijeza (ni las leyes, ni las sentencias, ni los proyectos del gobierno), sí puede haber algo fijo y permanente, los dictados del culto y los hábitos sociales, que simultáneamente tienen el poder de frenar el salvajismo del príncipe, como de justificarlo y promoverlo.

En resumidas cuentas, las características del gobierno despótico son las siguientes:

1. Inestabilidad política (provocada por la dependencia que tiene el príncipe del ejército y por la cantidad de contendientes al trono).
2. Discrecionalidad del príncipe y sus subordinados, situación que genera una absoluta *inseguridad* jurídica y personal para todos los habitantes del Estado (incluidos los propios vasallos del príncipe).
3. Permanente violencia y represión estatal para desincentivar cualquier revuelta contra el príncipe.
4. El régimen se mantiene mediante la ambición y la represión.

---

[121] *Ibid.*, lib. II, cap. IV, p. 28.

[122] Existe toda una polémica en torno a si Montesquieu era genuinamente cristiano o si sólo ofreció las suficientes concesiones en *Del espíritu de las leyes* y en la *Defensa del espíritu de las leyes* para evitarse problemas con la Iglesia, estrategia que no funcionó pues *Del espíritu de las leyes* fue incluido en el *Index librorum prohibitorum*. Para más detalles de esta polémica Cfr. Althusser, *op. cit.*, pp. 13-42.

Son precisamente estas características, como veremos a continuación, las que llevarán a Montesquieu a incluir al despotismo en la lista de gobiernos inevitablemente tendientes a la guerra.

3. La arquitectura del Estado y su efecto en la construcción de la paz

Realizada una descripción esquemática sobre la naturaleza y el principio de las tres formas de gobierno que Montesquieu estudia en *Del espíritu de las leyes*, es necesario señalar qué elementos de la constitución de cada uno de estos Estados son los que los vuelven propensos a la guerra o la paz.

Empecemos con las formas de gobierno arquitectónicamente tendientes a la guerra y al expansionismo: la monarquía y el gobierno despótico. "La esencia de la monarquía es la guerra y el engrandecimiento; la esencia de la república es la paz y la moderación".[1] Esta frase inspiró la redacción de este libro. ¿Pero cuál es su justificación?

El principio de la monarquía, recordemos, es el honor, el deseo de los nobles de poseer más títulos y precedencias (si soy vizconde, ahora quiero ser conde, si antes me sentaba atrás del obispo, ahora me quiero sentar a su lado en la corte). Con ese incentivo, los nobles obedecerán a su príncipe y a las leyes. Pero además en una monarquía, propone Montesquieu, los nobles deben tener prohibido el dedicarse a cualquier actividad comercial. Sólo el pueblo puede estar autorizado a emprender actividades comerciales para que, con parte de sus ganancias, se puedan suplir las necesidades del rey y de la corte.[2]

Esta prescripción arquitectónica, la del mantenimiento de la corte a partir de los impuestos al comercio, es crucial para entender por qué la

---

[1] Montesquieu, *op. cit.*, lib. IX, cap. II, p. 151.

[2] Cfr. *Ibid.*, lib. V, cap. IX, p. 68.

monarquía es un gobierno que inevitablemente tiende a la guerra y al expansionismo. Y lo primero que pido al lector que note es que esta característica arquitectónica de la monarquía aparece de forma extemporánea en *Del espíritu de las leyes*. No es sino hasta el libro IX que Montesquieu la menciona de paso y de forma aislada.[3]

El comercio, la riqueza y los impuestos no son cosa menor. Montesquieu trata estos temas abundantemente en los libros anteriores, pues tienen un impacto determinante en la configuración de cada forma de gobierno. Y no olvidemos la estructura que Montesquieu da a la obra: los primeros libros son los más generales, los que describen la estructura esencial de cada forma de gobierno, y el resto está dedicado a analizar cómo influye cada forma de gobierno en distintas esferas de la cotidianidad (la religión, la convivencia social, las actividades productivas, etc.). ¿Cómo es posible que Montesquieu haya olvidado una prescripción tan importante? ¿Será que es opcional? ¿O es tan importante como todas las demás? Antes de pronunciarnos en torno a una postura u otra, examinemos las razones detrás de esta prescripción arquitectónica.

La razón para mantener a los cortesanos con los impuestos de la gente es exactamente la misma por la que Montesquieu prohíbe a los aristócratas dedicarse a la actividad comercial. Si el noble, que es el ejecutor de la voluntad del príncipe y de las leyes, además de ostentar ese poder político se dedica a ser mercader, tiene todos los incentivos y las facultades legales para aplicar la ley sólo en los casos en que él se beneficie. Así, un noble podría no cobrarle impuestos a la mercancía que ha importado desde una tierra lejana pero sí cobrárselos con estricto rigor al noble que le hace competencia. Otro podría confiscar los bienes de su adversario de la corte mientras introduce de contrabando sus propias mercancías. Recordemos las palabras con las que Montesquieu prohibió el comercio a los aristócratas: "Es preciso que las leyes [a los aristócratas] les prohíban también el comercio: mercaderes tan acreditados implantarían toda clase de monopolios. El comercio

---

[3] Cfr. *Idem*.

es profesión de gentes iguales. Los Estados despóticos más desdichados son aquellos cuyo príncipe es mercader".[4]

Reflexionemos por un momento. ¿Por qué Montesquieu prohíbe a los gobernantes en la república y en la monarquía dedicarse a actividades comerciales? ¿Porque el abuso del poder en aras del propio beneficio es malo moralmente? ¿Porque se reduce la utilidad máxima que puede alcanzar una sociedad? Nada de eso. Montesquieu realiza una prescripción arquitectónica en este ámbito.

Los gobernantes no pueden ser también comerciantes (en la república y en la monarquía) porque tal posibilidad genera incentivos para producir conductas que *corrompen* la constitución del Estado (su configuración íntima, la naturaleza y el principio de la forma del gobierno). La república y la monarquía, recordemos, son gobiernos *conforme a leyes* (a diferencia del gobierno despótico, un gobierno conforme a caprichos). La monarquía es el gobierno de uno conforme a leyes. El principio de la democracia es el amor a las leyes, el respeto a las leyes no por deber, sino por un intenso enamoramiento. En la república aristocrática, los nobles obedecen las leyes para no irritar ni al pueblo ni a sus pares. Cualquier cosa que genere condiciones de posibilidad o incentivos para quebrantar las leyes en estos tres gobiernos es germen de su corrupción (de su transformación en otra forma de gobierno).

En la república y en la monarquía los regentes no pueden ser comerciantes porque, ante la tentación del poder, dejarían de aplicar la ley para obtener beneficios personales y, así, estas formas de gobierno quedarían corrompidas (es decir, habrían perdido su esencia para convertirse en alguna otra forma de gobierno). Se habrían transformado en un gobierno despótico, en un gobierno conforme a caprichos, en el que las decisiones se toman discrecionalmente, no conforme a leyes.

En el gobierno despótico no hay ningún problema con que el príncipe sea mercader. Al contrario, lo más común es que los déspotas se dediquen sistemáticamente a incrementar sus riquezas mediante el saqueo de su pueblo y de las naciones vecinas. Arquitectónicamente, nada impide que el

---

4   Cfr. *Ibid*., lib. V, cap. VIII, pp. 65-66.

príncipe establezca cuantos monopolios, aranceles y controles desee. Nada más conforme a la naturaleza del gobierno despótico (el gobierno de uno conforme a su capricho) que tener un príncipe que manipula a su antojo las regulaciones comerciales.

La prescripción arquitectónica que ahora analizamos tiene dos partes: 1. Los nobles tienen prohibido involucrarse en actividades comerciales porque podrían abusar de su poder en aras de enriquecerse. 2. Aunque los nobles tienen prohibido el comercio, de alguna manera deben obtener sus medios de subsistencia. Ese financiamiento provendrá de los impuestos al comercio del pueblo. Así, el noble es remunerado por su servicio público y la tentación de la avaricia queda eliminada (si ya tiene la vida resuelta, en principio, no tiene razón ni justificación para ambicionar más riquezas).

La prohibición de la actividad comercial a los nobles es una prescripción arquitectónica. Si usted desea que su monarquía siga siendo monarquía (el gobierno de uno conforme a leyes), es indispensable que siga este consejo. Nótese cómo funcionan las prescripciones arquitectónicas. A diferentes formas de gobierno, distintas razones para adoptar o no determinado curso de acción.

Tomemos el caso de la aristocracia, por ejemplo. He dicho hace un momento que tanto en la monarquía como en la república debe prohibirse a los regentes ser al mismo tiempo gobernantes y mercaderes. Pero las razones para implementar esta prohibición son distintas en la democracia que en la aristocracia (las dos posibles formas de la república). En la democracia se implementa porque es un gobierno de leyes. Si el regente fuera al mismo tiempo mercader, tendría todos los incentivos para aplicar la ley sólo a conveniencia (convertiría así a la democracia en despotismo). Más aún, el principio de la democracia es el amor a las leyes, las leyes se cumplen por amor y porque el pueblo es al mismo tiempo autor y destinatario de éstas. Si lo más propio de la democracia es cumplir las leyes porque se les ama, ¿qué mayor signo de corrupción puede haber que en una democracia se prefiera al dinero que a las leyes?[5]

---

[5] "No es menester mucha probidad para que un gobierno monárquico o un gobierno despótico se mantengan o se sostengan. En uno, la fuerza de las leyes y, en otro, el brazo del príncipe siempre levantado, bastan para

La razón por la que el cuerpo de nobles en la aristocracia debe también tener prohibida la actividad comercial es completamente diferente. El pueblo ya está de por sí excluido de la toma de decisiones políticas. Si al yugo de esta discriminación le añadimos una tiranía sobre las regulaciones comerciales, los aristócratas sólo estarían animando el fuego de la futura revolución que los derroque del poder; es decir, estarían generando las condiciones que en última instancia culminarían en la corrupción del gobierno, en su disolución, en la pérdida de esa estructura que le hace ser esa forma de gobierno y no otra.

Concluida la ejemplificación de cómo funciona un argumento arquitectónico, regresemos al punto. Para que la monarquía siga siendo monarquía y no se convierta en otra cosa, es arquitectónicamente indispensable que los nobles tengan prohibido el comercio y sean mantenidos con los impuestos de la gente. Así, ningún noble tiene necesidad (ni posibilidad) de obtener sus medios de subsistencia mediante la aplicación discrecional de la legislación comercial. Pero este subsidio, por sensato que sea, genera un incentivo perversísimo para la *guerra*. Si un noble no tiene preocupaciones económicas y lo único que persigue en su vida es el honor, la mesa está puesta para que impulse el estallido de una guerra para adquirir el honor de la conquista y la victoria. La audacia, la valentía, la hazaña de la conquista, todo ello reporta honor a los miembros de la nobleza.

> En la república no se toman las armas sino para defender las leyes y la patria; es precisamente por ser ciudadano por lo que uno se hace temporalmente soldado... En las monarquías, los hombres que hacen la guerra no buscan más que la gloria, o al menos el honor o la fortuna.[6]

---

regular y ordenar todo. Pero en un Estado popular es necesario un resorte más: la virtud [...] en una monarquía se necesita menos virtud que en un gobierno popular, ya que en una monarquía el que hace observar las leyes está por encima de ellas mientras que en el gobierno popular se siente sometido a ellas y sabe que ha de soportar todo su peso. Es evidente también que el monarca que, por mal consejo o por negligencia, descuida el cumplimiento de las leyes, puede fácilmente reparar el mal con sólo cambiar de consejo o corregirse de su negligencia. Pero cuando en un gobierno popular las leyes dejan de cumplirse, el Estado está ya perdido, puesto que esto sólo ocurre como consecuencia de la corrupción de la república". *Ibid.*, lib. III, cap. III, p. 31.

[6] Cfr. *Ibid.*, lib. V, cap. XIX, p. 83.

El principio de la monarquía, recordemos, es el honor. Todos los asuntos del Estado (la obediencia cabal a las leyes y a la voluntad del príncipe) caminan porque los nobles están interesados en adquirir mayores títulos, dignidades y precedencias. Imagine usted a un individuo educado desde la más tierna infancia para buscar a toda costa el honor, para gozarse en la superficialidad de los halagos, las precedencias, las estatuas y las reverencias. Y además imagine que ese individuo no tiene ambición ni posibilidad de incrementar sus riquezas, pues tiene prohibido el comercio, pero la vida (cómodamente) resuelta. La obediencia al príncipe le ha alcanzado algunos modestos progresos en la jerarquía de la nobleza. Imagine usted la situación de ese noble. ¿Qué puede hacer para mejorar radicalmente su posición en la nobleza? ¿Qué puede saciar su infinito deseo de superficialidades? ¡La guerra, la conquista, pendones y fanfarrias, la inmortalidad de Héctor, domador de caballos, y la de Aquiles, el de los pies ligeros! ¿Qué mayor gloria que ser inmortalizado en aquellas magníficas pinturas, en las que en medio del polvo, la metralla, la sangre y la angustia se alza incólume el conquistador, altivo, bravo, invencible, bañado en gloria? ¿Qué mejor forma de salir del insufrible tedio de la corte que marchar a la frontera en busca de esa indescriptible euforia que sólo puede proveer el primer contacto con el enemigo? Salvas, clarines, cornetas, guiones, fusiles, bayonetas. Los alaridos de un millar de hombres batiéndose en combate, contemplados desde la cómoda distancia del asiento del comandante, ciertamente son más estimulantes que el parloteo de la corte.

¡Dios nos libre de una monarquía en la que los nobles no sean mantenidos por el pueblo! Porque entonces no sólo irán a la guerra por orgullo, sino también por avaricia, para incrementar sus riquezas y la herencia para su descendencia. En ese contexto, los estados vecinos de las monarquías estarán doblemente amenazados.

"La esencia de la monarquía es la guerra y el engrandecimiento".[7] Montesquieu reconoce que hay una tendencia absolutamente inevitable hacia la guerra en el corazón de las monarquías. Para que éstas funcionen, necesitan de la nobleza y de su deseo de honor. El honor marca la pauta de los

---

[7] Cfr. *Ibid.*, lib. IX, cap. II, p. 151.

incentivos, recompensas, censuras y castigos a los que uno puede hacerse acreedor bajo esta forma de gobierno. El honor permea áreas estratégicas del funcionamiento del Estado: la educación, el desempeño de las instituciones, el cumplimiento de la ley (el *enforcement* de la ley, por utilizar la expresión sajona), etc. Y este mismo incentivo sobre el que rotan todos los negocios del Estado es el que conduce inevitablemente a la guerra.

Esta tendencia inevitable hacia la guerra representa un riesgo catastrófico no sólo para los estados vecinos a las monarquías, sino para la monarquía misma. Reflexionémoslo por un momento. Además del evidente desgaste que implica una campaña militar, ¿por qué la guerra puede ser arquitectónicamente peligrosa para la monarquía? ¿Por qué una monarquía debería evitar la guerra y el expansionismo? ¿Porque es inmoral? ¿Porque reporta poca utilidad (como dirá Benjamin Constant)? ¿Porque no es la conducta del σπουδαῖος? ¿Porque el Señor todopoderoso lo ha prohibido en su decálogo? Una vez más, la respuesta es no.

Por supuesto que Montesquieu tiene argumentos jurídicos y morales contra la guerra en general, que aparecen en los capítulos IX y X de *Del espíritu de las leyes*. Pero en el caso de la monarquía, Montesquieu propone el siguiente argumento arquitectónico para que los nobles eviten a toda costa arrastrar a sus naciones a la guerra y al expansionismo.

Los nobles, todos ellos, en cualquier momento de la historia de la monarquía, desean el honor sobre cualquier otra cosa. Este incentivo permanente los incita a emprender campañas de conquista una y otra y otra vez. No hay conquista que pueda satisfacer a estos individuos. Capturado un nuevo territorio, nacerá una nueva generación de nobles con sed de su propia gloria. Y así, con el paso de los años, la monarquía se convertirá en un vasto imperio.

Pero los imperios, por su amplísima extensión territorial, tienen una característica política particular. Dadas las enormes distancias, ni el monarca ni sus ministros tienen forma de verificar que la ley se cumpla en los territorios más lejanos. Más aún, los gobernadores de las provincias lejanas muchas veces deberán tomar decisiones expeditas y discrecionales, pues quizás podría suscitarse un mal irreparable si se esperara la deliberación y respuesta del príncipe.[8]

Un imperio muy extenso supone una autoridad despótica en el que gobierna. Es preciso que la prontitud de las resoluciones compense la distancia de los lugares adonde se envían; que el temor impida la negligencia del gobernador o del magistrado distante; que la ley esté en una sola cabeza y que cambie sin cesar como los accidentes, que se multiplican siempre en un Estado, en proporción a su extensión.[9]

Una monarquía deja de ser monarquía cuando se convierte en un imperio, porque ni es ya el gobierno de uno (cada gobernador de un territorio lejano toma decisiones a conveniencia), ni es ya un gobierno conforme a leyes, sino un gobierno discrecional (la ley puede dictar que ante la situación *x* se sigue la consecuencia *y*, pero por alguna razón, en las lejanas islas del norte deba seguirse la consecuencia *z* y, quizás por alguna otra circunstancia, sea necesario que en las costas del sur tal situación no tenga consecuencias en absoluto). Por tanto, si la monarquía pretende conservar su constitución, esa configuración característica que le hace ser esa forma de gobierno y no otra, debe entonces evitar el expansionismo.[10]

Este argumento es central en *Del espíritu de las leyes* por dos razones: 1. Porque nos revela que hay una relación esencial entre la extensión territorial y la forma de gobierno. Si cambias uno, afectas al otro.[11] 2. Porque es un argumento contra la guerra que no parte de compromisos éticos.

Hay argumentos utilitarios contra la guerra. Hay argumentos morales contra la guerra. Hay argumentos religiosos contra la guerra, y aun así, miles de hombres a lo largo de la historia los han desdeñado, acudiendo al campo de batalla sin ningún reparo. El argumento arquitectónico, por otro lado, es un imperativo hipotético, un argumento constitucional. Si usted quiere

---

[8]   Cfr. *Ibid.*, lib. VIII, caps. XVII-XX.

[9]   *Ibid.*, lib. VIII, cap. XIX, p. 142.

[10]   Cfr. *Ibid.*, lib. VIII, caps. XVII-XX.

[11]   Cfr. *Ibid.*, lib. VIII, caps. XVI-XX.

preservar la *constitución* íntima de su Estado, su configuración íntima (en este caso, la de la monarquía), entonces en ninguna circunstancia debe usted emprender una campaña expansionista. Si a usted no le interesa preservar su constitución porque prefiere convertirse en un imperio, sea entonces bienvenido al gobierno despótico, el ámbito de la discrecionalidad, las arbitrariedades y la ausencia de rendición de cuentas.

Que un Estado se corrompa es más que un simple cambio en la forma de gobierno. Más aún, en *Del espíritu de las leyes* las formas de gobierno no son algo tan trivial como las entendemos comúnmente. Los Estados frecuentemente cambian de forma de gobierno. Pensemos por ejemplo en México, que en menos de dos siglos ha probado casi todas las posibles formas de gobierno propuestas por Aristóteles en la *Política*. Y aun así, muchas cosas han permanecido más o menos sin cambios. La extensión territorial, las principales actividades económicas de ciertas regiones, la religión predominante, el clima, etc. Ciertamente ha habido muchos cambios en estos rubros en las últimas décadas, pero si uno mira con una perspectiva más amplia, desde la Colonia hasta nuestros días, nuestras características demográficas, climáticas, económicas y políticas siguen siendo casi las mismas.

La forma de gobierno y el texto constitucional han cambiado muchas veces. Dejamos de ser colonos españoles para ser ciudadanos independientes. Fuimos centralistas, federalistas, liberales, conservadores. Tuvimos triunviratos, presidentes, emperadores, caciques, oportunistas y muchos otros especímenes curiosos de la flora y fauna política.

Sin embargo, ninguno de estos cambios alteró radicalmente las características principales de México. A saber, que somos una población mestiza, con una variedad climática que contiene desiertos, costas, selvas y bosques; con una población mayoritariamente católica, con actividades económicas características de ciertas zonas (en el norte los ganaderos, en el Bajío las mineras, en las costas la pesca y el comercio, etc.) y con un gobierno típicamente centralista (heredado desde la Colonia y que, después de los comicios del 2018 y las estrategias de seguridad adoptadas desde 2007, parece destinado a consolidarse cada vez más).

Ninguno de los cambios de forma de gobierno ni de texto constitucional alteraron las costumbres, normas y expectativas de conducta de los mexicanos. No eliminaron el racismo, el clasismo, la desigualdad económica, la forma oportunista, extralegal y con visión de corto plazo de hacer política; no se deshicieron de los caciques ni de los dictadores (el propio Juárez excedió su propio periodo presidencial y no cedió el poder a Jesús González Ortega, quien como presidente de la Suprema Corte debía sustituirlo en el cargo, incluso en medio de la intervención francesa). No eliminó la corrupción como un mecanismo de resolución de problemas ni la violencia como mecanismo de resolución de conflictos.[12] Héctor Zagal, en su novela *Imperio*, dice irónicamente que a los campesinos mexicanos nada les importa si gobierna un rey o un presidente, mientras los dejen trabajar su campo.[13]

Esa absoluta indiferencia del pueblo frente a su forma de gobierno es inconcebible en el marco conceptual de *Del espíritu de las leyes*. La forma de gobierno es la constitución del Estado, el eje rector de toda la vida común. No es sólo el listado de instituciones públicas y la descripción de la distribución del poder. Es el diseño de toda la vida de la comunidad política. La religión, las costumbres, la geografía, todo juega un papel para preservar o corromper una forma de gobierno.

La naturaleza y el principio de cada forma de gobierno marcan las pautas generales de conducta de la comunidad política. Enlistan las recompensas y censuras a las que uno se puede hacer acreedor, y éstas no existen sólo en el ámbito político, sino en la vida cotidiana. El honor en la monarquía, por ejemplo, se persigue en cada acontecimiento de la corte; cada cena, cada baile. Cualquier desliz en cualquier momento puede ser motivo de vergüenza. El egoísmo, por ejemplo, sería motivo de censura entre los ciudadanos de la democracia (pues es contrario al espíritu republicano de engrandecer primero el tesoro público antes que el privado).[14] Estas recompensas y castigos no

---

[12] Cfr. Alejandro Hope y Jaime López, *La mentada estrategia: Dos ensayos y treinta y nueve preguntas sobre Seguridad, Justicia, Violencia y Delito*, México, Senado de la República, 2015, pp. 11-18.

[13] Cfr. Héctor Zagal, *Imperio: la novela de Maximiliano*, México, Planeta, 2012.

[14] Por ejemplo, uno podría ser reprendido en una cena familiar por alardear de no pagar impuestos o por llevar una vida disoluta (contraria a la vida frugal indispensable para la supervivencia de la democracia).

sólo son para quienes ejercen el poder, sino que permean todos los niveles de convivencia.

La naturaleza y el principio de cada forma de gobierno describen cómo será en cada caso la obtención y el ejercicio del poder. Y hace toda la diferencia del mundo en la vida de las personas esa forma de obtener y ejercer del poder. Los habitantes de un Estado despótico, por ejemplo, están infelizmente condenados a la incertidumbre, el abuso y la violencia. Los habitantes de la democracia, cargan con el peso de tener que respetar las decisiones que ellos mismos tomaron. En la monarquía, las leyes se hacen cumplir por pura coerción externa y con el soborno del honor para los nobles, etcétera.

Cambiar una forma de gobierno (para Montesquieu), implica transformar radicalmente la vida en común. Y por eso los argumentos arquitectónicos no son triviales. La corrupción de una forma de gobierno (su transformación en otra distinta) no sólo afecta la distribución del poder sino: 1. La forma en que se ejerce el poder (despóticamente o conforme a leyes). 2. La interacción entre autoridades (basada en sobornos y violencia en el gobierno despótico, persiguiendo el honor en la monarquía, o con división de poderes como en la república).[15] 3. Las relaciones autoridades-ciudadanos (radicalmente verticales, como en el caso de la monarquía; violentas, como en el caso del despotismo; o con rendición de cuentas y elección democrática, en el caso de la república). 4. La vida cotidiana de los ciudadanos (con constante temor, en el gobierno despótico; sin posibilidad de acceso a la toma de decisiones políticas, como en el caso de quienes no son nobles en la monarquía; o con una vida frugal compartida, como en el caso de la democracia).

El caso de la monarquía es trágico, porque por más que sus habitantes se empeñen en preservar la monarquía, su tendencia a la guerra es inevitable. "Los ríos corren a fundirse en el mar: las monarquías van a perderse en el despotismo".[16] Montesquieu es categórico. La monarquía no tiene esperanzas. El honor es tan indispensable para su funcionamiento que no puede deshacerse de este incentivo, porque entonces ya no sería monarquía. ¿Con

---

[15]   Como se podrá apreciar en el cuarto capítulo.

[16]   Montesquieu, *op. cit.*, lib. VIII, cap. XVII, p. 142.

qué motivaremos a un grupo de hombres para que obedezcan a su príncipe? ¿Con dinero? Entonces es un gobierno despótico, los sirvientes del príncipe le obedecen en aras de rapiñar tanta fortuna como sea posible. Tan pronto como se acaba el dinero, se acaba la lealtad al príncipe. ¿Con temor? Mismo caso, sería un gobierno despótico. Tan pronto como se acaba el temor, se acaba la obediencia. ¿Por deber? Montesquieu en ningún momento admite que exista tal cosa como cumplir la ley por "deber". Cada forma de gobierno tiene un principio, una pasión que permite su supervivencia. En la monarquía, los nobles hacen cumplir la ley para adquirir honor. En el despotismo, la voluntad del príncipe se hace cumplir por ambición o por temor. En la democracia, se cumplen las leyes por amor. En la aristocracia, los nobles aplican la ley para mantener su estatus, pero lo hacen moderadamente para no irritar al pueblo. Cada forma de gobierno tiene alguna motivación afectiva o algún interés detrás que le sostiene.[17]

La monarquía, por su dependencia radical del honor (dado que no puede apelar al deber, al amor a las leyes, al dinero, al temor, ni a la moderación) como incentivo para movilizar la vida del Estado, está condenada, de acuerdo con Montesquieu, al expansionismo militar. Todas sus generaciones de nobles desearán su propia gloria, construyendo poco a poco un vasto imperio. Y en un territorio tan extenso:

> Los principales del Estado, grandes por sí mismos, lejos de la mirada del príncipe y con su Corte fuera de la de él, asegurados contra las ejecuciones rápidas por las leyes y las costumbres, podrían dejar de obedecer ya que no temerían un castigo demasiado lento y lejano.[18]

Llama la atención que esta tendencia al expansionismo se dará en la monarquía independientemente de que los nobles sean mantenidos por el pueblo o no. Concedamos por un momento que Montesquieu realizó esa prescripción arquitectónica de pasada y que en realidad no es tan

---

17   Cfr. *Ibid.*, lib. II-V y del lib. V especialmente el cap. XVIII.

18   *Ibid.*, lib. VIII, cap. XVII, p. 141.

importante. Entonces, la tendencia hacia la guerra se agravaría, porque los nobles ya no sólo perseguirían el honor de la conquista, sino también las riquezas que le acompañan.

La tendencia monárquica hacia el expansionismo no se altera si la corte obtiene sus medios de subsistencia por cuenta propia o con cargo al fisco. Esa tendencia es causada por el honor, y el mantenimiento de la corte a partir de los impuestos al comercio tan sólo tiene capacidad de mitigarla un poco (así, en lugar de que el noble provoque una guerra para obtener honor y riquezas, si tiene la vida resuelta, entonces sólo la provocará buscando honor). Si la nobleza no recibe ese subsidio (los nobles también necesitan casa, vestido y sustento, pero adquiriendo siempre los bienes más lujosos), la tendencia bélica de la monarquía sólo se potenciará.

Ahora bien, al quedar expuesto por qué la monarquía es un gobierno que inevitablemente tiende hacia la guerra, pasamos al segundo tipo de gobierno bélico según Montesquieu, el despótico.

El gobierno despótico, por su configuración particular, es un gobierno extremadamente violento no sólo contra sus propios habitantes, sino contra las naciones vecinas. El gobierno despótico hace a todos sus ciudadanos esclavos, pues están todos sujetos al capricho del príncipe. El déspota con frecuencia tiene que reprimir brutalmente a su pueblo y a sus sirvientes, para que los ánimos en todo momento estén abatidos y nadie piense en la insurrección.

Al exterior, la conquista de nuevos territorios está impulsada por un poderoso incentivo. El déspota, recordemos, vive una vida disoluta, entregada a los placeres. Entre más territorios controla, más despojos hace en los territorios conquistados, más exóticos manjares puede ordenar traer desde los confines de su imperio, más diversas parejas sexuales puede apresar.[19]

Con este incentivo, el déspota no tiene ningún reparo en conquistar a las naciones vecinas para aumentar su propio tesoro y el catálogo de bienes con el que puede sobornar a los ministros de su codicia (para comprar su lealtad). Además, los recursos adquiridos también le permiten fortalecer su aparato de represión.

---

[19]   Cfr. *Ibid.*, lib. II, cap. V.

La expansión de un Estado despótico al grado de convertirse en un imperio no genera ninguna crisis arquitectónica. Si incluso en un territorio pequeño cada funcionario tiene tanto margen de discrecionalidad como el propio príncipe, no representa ningún dilema arquitectónico el que los gobernantes de las tierras lejanas gobiernen con esa misma discrecionalidad.

A diferencia del gobierno monárquico, que es agresivo hacia el exterior, pero sus ciudadanos viven en un marco de leyes, el gobierno despótico reprime a sus habitantes y los somete a una permanente incertidumbre (en cualquier momento un funcionario puede embargar mi casa, no se cumplen los contratos, las leyes están de adorno, etcétera).

La república, la forma más pacífica de gobierno

La primera razón, la más obvia, para señalar que la república es la forma más pacífica de gobierno, es simplemente por vía negativa. La república carece en su naturaleza y en su principio del incentivo del honor (que conduce a las monarquías inevitablemente a la guerra) y de la represión característica del gobierno despótico (no necesita ninguno de estos dos principios para hacer caminar los negocios del Estado). Pero esta vía negativa encierra una argumentación más profunda de lo que aparenta a simple vista.

Hasta este punto hemos descrito los efectos en política exterior e interior que tienen los principios de dos formas de gobierno, la monarquía y el gobierno despótico. Y Montesquieu afirma categóricamente que, de las tres formas de gobierno descritas en *Del espíritu de las leyes*,[20] la república es la más pacífica.[21] De tal forma que si agrupáramos en una pequeña tabla las consecuencias en política exterior e interior de los principios de cada una de las formas de gobierno, quedaría de la siguiente manera:

---

20 Recuerde, amable lector, que Montesquieu reduce la aristocracia a la democracia.

21 "La esencia de la monarquía es la guerra y el engrandecimiento; la esencia de la república es la paz y la moderación". *Ibid*., lib. IX, cap. II, p. 151.

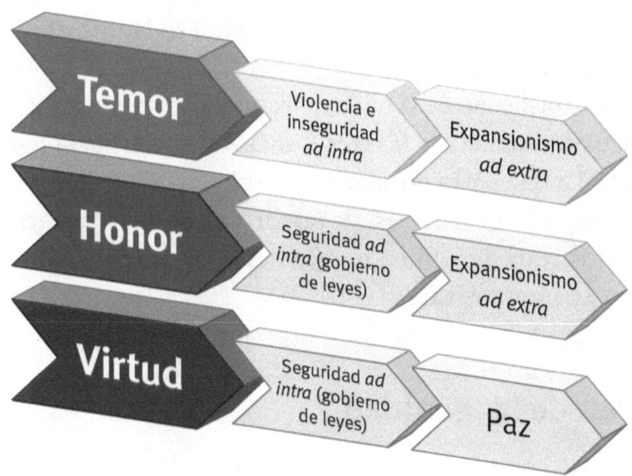

Lo primero que puede escandalizar al lector del diseño de esta tabla es que he colocado únicamente tres y no cuatro principios. Legítimamente puede objetarse que, aunque la virtud es el resorte tanto de la democracia como de la aristocracia, no son virtudes iguales las que motivan la vida política en un Estado y en otro. El resorte de la democracia es la virtud política y el de la aristocracia es la virtud de la moderación.

A esta objeción respondo, igual que lo hice páginas atrás,[22] que Montesquieu hace de la democracia y la aristocracia sinónimos equiparables bajo el término de "república", porque los efectos prácticos de ambas virtudes son los mismos, aunque las motivaciones para ejercerlas sean diferentes.

En la democracia se busca preservar la igualdad entre todos los ciudadanos porque se ama la igualdad, se ama esa característica que hace a la democracia democracia y no otra cosa. En la aristocracia, esa igualdad no se alcanza por amor, sino por esfuerzo, como un medio que hay que tolerar para lograr el fin de preservar la aristocracia. Aunque las motivaciones para buscar la igualdad son distintas, el efecto en la cotidianidad de estos estados es

---

[22] Véase capítulo 2.

el mismo, a saber, que todos sus ciudadanos se proponen a toda costa (mediante las leyes, las instituciones y la interacción en la vida cotidiana) alcanzar y preservar la igualdad.[23]

Aclarado el diseño de la tabla, pasemos a la pregunta difícil: ¿Por qué Montesquieu afirma que, de las tres formas de gobierno, la república es la más pacífica? La respuesta no se localiza sólo en uno de los primeros doce libros de *Del espíritu de las leyes*, de tal forma que debemos articular todos los argumentos que hasta ahora hemos desarrollado para dar una respuesta coherente y comprensiva.

En defensa de la igualdad

Al describir la arquitectura política de la democracia en el segundo capítulo, nos quedamos con una objeción pendiente. En aquel momento afirmábamos que, según Montesquieu, una persona acostumbrada a placeres muy intensos (a los que tiene acceso gracias a su inmensa riqueza), está incapacitada para vivir en democracia (pues los placeres comunes a los que tiene acceso todo ciudadano le parecerían insuficientes).

La *desigualdad de las riquezas*, dice Montesquieu, tiene no sólo el potencial de corromper la democracia, sino también a la aristocracia. El que unos cuantos ciudadanos vivan en la *opulencia*, mientras otros sólo disfrutan de los bienes públicos (con un nivel de vida más o menos homogéneo entre sí), es el germen de la desintegración las dos posibles formas de la república.[24]

Aunque a primera vista parece que el tema de la desigualdad y la opulencia no tiene mucho que ver con la paz internacional, la forma como Montesquieu describe el problema de la desigualdad, así como su solución republicana, es absolutamente central para entender por qué la república

---

[23] El caso de la aristocracia es interesante porque no sólo los nobles (los únicos que en estricto sentido son ciudadanos, es decir, los únicos facultados para tomar decisiones políticas) desean generar entre ellos la igualdad en aras de preservar la aristocracia, sino que también el pueblo, que está excluido de la toma de decisiones, desearía que se ampliara la igualdad para que ellos se convirtieran en ciudadanos.

[24] Cfr. *Ibid.*, lib. II, caps. II-III; lib. III, caps. III-IV; lib. V, caps. II-VIII; lib. VIII, caps. II-V.

es la forma más pacífica de gobierno. Empecemos con la descripción de por qué la desigualdad amenaza a la primera forma posible de la república: la democracia.

Recordemos, lo propio de la democracia (su nota distintiva) es que todos los ciudadanos sean iguales entre sí. No sólo en términos de derechos políticos, sino que todos los ciudadanos deben "gozar de la misma felicidad y de las mismas ventajas, disfrutar de los mismos placeres y tener las mismas esperanzas, lo cual sólo puede conseguirse mediante la frugalidad general".[25]

La forma por excelencia, dice Montesquieu, por la cual se pierde la igualdad entre ciudadanos es la desigualdad y la opulencia de las riquezas. Poseer una inmensa riqueza, aunque (en principio) no altera la igualdad entre ciudadanos en términos de derechos políticos (el voto de todos pesa igual en la asamblea, todos pueden virtualmente servir como funcionarios públicos, etc.),[26] sí permite al rico tener un estilo de vida muy distinto del de sus conciudadanos. Placeres intensos, lujo, delicias... goce de bienes que no puede costearse la comunidad política para todos sus miembros.

¿Cómo evitar este problema? ¿Despojando de su fortuna a los ricos? No, tal acción no haría más que irritarlos y sería insuficiente para incorporarlos a la vida frugal de la democracia. El problema no es que haya ricos, el problema es que la riqueza viene acompañada, en la mayoría de los casos, de una vida lujosa que es contraria a la frugalidad democrática. Si alguien en su vida ha disfrutado de placeres muy intensos, encontrará absolutamente odiosa una vida de placeres moderados.

¿No podríamos resolverlo con la creación de un Estado en el que todos sean ricos y así se cumpla la condición de que todos tengan los mismos placeres (en este caso, placeres intensos)? Buena suerte con eso. Ni siquiera los países europeos contemporáneos con robustos Estados de bienestar podrían considerarse como países en los que todos los ciudadanos son ricos.

---

[25]   *Ibid.*, lib. V, cap. III, p. 53.

[26]   Aunque a la luz de la experiencia democrática contemporánea, podríamos decir que la riqueza también tiene el potencial de hacer que la decisión política del rico pese más que la del ciudadano de a pie (por ejemplo, porque tiene capacidad de financiar a algún candidato, de contratar *lobbing* profesional, etcétera).

La cobertura total en salud, la educación gratuita, la eficiencia burocrática, todo eso cuesta muchísimo dinero y en verdad que estos países pueden considerarse países ricos. Pero eso no significa que por ejemplo, en Estonia y Noruega, todos los ciudadanos vivan en mansiones, derrochen ríos de dinero y paseen en yates.

¿Es posible vivir en una sociedad democrática que no requiera de frugalidad? Nos enfrentamos con el mismo problema, los recursos son finitos. Incluso la inmensa cantidad de recursos de las naciones europeas contemporáneas apenas alcanza para que sus habitantes tengan una vida con las necesidades básicas resueltas (salud, educación, seguridad, etc.), pero que ciertamente no es una vida de opulencia.

Pero concedamos la objeción. Imaginemos que tal cosa es posible como una democracia en la que todos y cada uno de sus habitantes son ricos. Aun así, ese proyecto político fracasaría, porque la riqueza y los placeres que le acompañan traen consigo una actitud que sabotea el proyecto político de la democracia, el egoísmo.

> Pertenece a la naturaleza de la república no poseer más que un pequeño territorio, pues sin esta condición no puede subsistir. En una república extensa hay grandes fortunas y, por consiguiente, poca moderación en los espíritus. Hay riquezas demasiado grandes entre las manos de un ciudadano; los intereses se particularizan; si un hombre empieza a pensar que puede ser feliz, grande, glorioso, sin su patria, pronto puede ser el único grande sobre las ruinas de su patria.[27]

La riqueza genera egoísmo porque provee condiciones suficientes para ser autónomo. Si tengo dinero, tierra y bienes como para no necesitar de nadie más por el resto de mi vida, ¿por qué participar de algún proyecto político? ¿Para qué pagar impuestos y obedecer leyes cuando en mi domicilio puedo gozar de cuánto desee?

---

[27] *Ibid.*, lib. VIII, cap. XVI, p. 140.

Ni siquiera sería indispensable asociarme con otros ricos para subsistir. Si yo puedo garantizarme mis propios medios de subsistencia y mi propia seguridad, no necesito del amparo de ninguna entidad política.

Pero salgamos de la utopía y volvamos a la realidad, en la que ocurre que, en los diversos estados, viven algunas personas con una riqueza inmensa, mientras otras viven al día. Eso no genera ninguna complicación arquitectónica para otras formas de gobierno. Una aristocracia, por ejemplo (como era el caso de Atenas), podría constituirse bajo criterios económicos. Quien tiene más de x cantidad de dinero es ciudadano.[28] Quien no la tiene, no tiene voz ni voto.

Pero en una democracia, el que algunos individuos puedan desentenderse del proyecto político común tiene efectos catastróficos. Imagine usted que en determinado país todas las empresas pagan 30% de sus ganancias como impuesto. Si una pequeña empresa decide no pagar su impuesto, la consecuencia fiscal es marginal. Pero, ¿qué ocurriría si la empresa más grande de su país o el grupo de empresas más grandes dejaran de pagar impuestos? Imagine además que no sólo dejan de pagarlos, sino que, para blindarse de la acción de la justicia, también contratan mercenarios que cuidan sus fábricas e impiden la ejecución de cualquier orden de aprehensión o de embargo emitida en su contra. ¿Qué sería de esa comunidad política? ¿No diríamos que ha fracasado? ¿No diríamos que esas empresas, por así decirlo, han fundado su propio Estado?

Montesquieu no es enemigo del comercio ni de la generación de riqueza. Al contrario, el comercio es uno de los pilares de su teoría de la paz. Pero las riquezas excesivas y la opulencia representan un peligro para la democracia porque ésta sólo sobrevive si sus ciudadanos se automotivan para conservarla. Es la forma de gobierno más difícil de preservar, precisamente porque no hay nadie para preservarla más que los ciudadanos mismos (no hay aristócratas, nobles, ni vasallos de un príncipe que perpetúen el régimen en aras de obtener algún bien en particular).

---

28   Cfr. *Ibid.*, lib. II, cap. IIII; lib. III, cap. III.

Vivir en democracia es una elección libre y permanente. En las otras formas de gobierno, otro ha tomado esa decisión por ti. Si has nacido en una monarquía, aunque tú no quieras, los nobles seguirán haciendo cumplir las leyes y protegerán la monarquía en aras de obtener honor. Aunque tú no quieras, si has nacido en una aristocracia, los aristócratas harán cumplir las leyes moderadamente y te darán algunos obsequios para que les permitas conservar su estatus privilegiado. Aunque tú no quieras, si has nacido en un gobierno despótico, serás violentado para obedecer al príncipe mientras sus vasallos disfrutan de ejercer esa represión (obedecerán al príncipe en tanto les permita tener una vida ligeramente menos miserable).

Pero nadie puede obligarte a vivir en una democracia. Si el pueblo lo decide, puede disolverla, corromperla, transformarla en otra cosa. Si eres lo suficientemente rico y poderoso, puedes escapar a la fuerza de sus leyes. Por eso el principio de la democracia es un hábito, un entramado de acciones permanentes. Si los ciudadanos no preservan su democracia porque la aman, porque libremente han elegido amarla, nada puede salvarla. Al poco tiempo alguien se preguntará, ¿por qué he de pagar impuestos? ¿Por qué he de participar de la defensa de la república? ¿Por qué usar estos servicios públicos cuando puedo pagar otros mucho mejores?

> A medida que el lujo se establece en una república, los ánimos se encaminan hacia el interés particular. Las personas que no necesitan más que lo indispensable sólo pueden desear la gloria del Estado y la suya propia; pero un alma corrompida por el lujo tiene otros deseos; pronto se hace enemiga de las leyes que la estorban.[29]

Por eso Montesquieu afirma que la república depende de toda la fuerza de la educación. El ciudadano tiene que entender, desde pequeño, que los recursos son finitos y que es imposible construir un Estado en el que todos vivan como millonarios. Si el ciudadano aprende desde pequeño a gozarse en los mismos bienes que todos los demás (que inevitablemente serán

---

[29] *Ibid.*, lib. VII, cap. II.

modestos para que puedan alcanzar para todos), si aprende a gobernarse, a gozarse con modestas satisfacciones, vivirá alegre y satisfecho con la vida que tiene. Si, por el contrario, dejamos sin inspección la satisfacción de sus pasiones y de pronto, en medio de la edad adulta, lo arrebatamos del mundo de los placeres para introducirlo en el de la frugalidad, será absolutamente infeliz. Deseará a toda costa poder volver a satisfacer sus apetitos hasta el hartazgo, tal y como lo hacía antes.

La educación para vivir en democracia, dice Montesquieu, "limita la ambición al único deseo, a la única felicidad de prestar a la patria servicios mayores que los demás ciudadanos".[30] ¿Por qué motivar tal deseo? ¿Porque Montesquieu es partidario de un civismo ideológico y rancio? No, absolutamente no. Montesquieu está explorando las condiciones de viabilidad de la democracia. Si el ciudadano aprende a ser egoísta, a anteponer el bien propio sobre el bien de la comunidad política, más temprano que tarde empezará a contemplar la posibilidad de abandonar la democracia. ¿Por qué pagar impuestos? ¿Por qué someterme a la autoridad de esos tribunales? ¿Por qué enviar a mis hijos a pelear esa guerra cuando podemos escapar y vivir prósperamente en otro lado?

La actitud democrática no es la del yo, es la del nosotros. Montesquieu incluso considera permisible que los bienes de la ciudad sean espléndidos. Que las ceremonias, las estatuas, los templos, todo sea magnífico y espectacular. Siempre y cuando impere la conciencia de que tales bienes no son míos, sino nuestros. No existe tal cosa como proponerse el mejorar "mi situación", sino "nuestra situación".

Expuesto por qué la desigualdad de riquezas puede corromper a la primera forma de la república (la democracia), exploremos por qué es también un riesgo para la aristocracia.

La desigualdad de las riquezas, advierte Montesquieu, es en extremo perjudicial porque genera envidia (mina la armonía entre ciudadanos). Ésta no es sólo una amenaza para la democracia, sino que es *la* amenaza por

---

30   *Ibid.*, lib. V, cap. III, p. 53.

excelencia contra la aristocracia.[31] "Tampoco amarán la frugalidad aquellos que envidan o admiran el lujo de los demás: las personas que no tienen ante los ojos más que hombres ricos, o miserables como ellos, detestan su miseria...".[32]

La aristocracia, tal y como expusimos en el segundo capítulo, se enfrenta con una tensión interna. La aristocracia es un gobierno cimentado en la desigualdad. Un selecto grupo de individuos rige en virtud de que posee cierta cualidad (riqueza, conocimiento, poder militar, etc.) y quienes no la poseen están excluidos de la vida política.

Pero a la aristocracia la corrompe una cualidad muy particular que acompaña al lujo y a las grandes riquezas, el deseo de distinguirse. Una riqueza exorbitante permite adquirir no sólo lo necesario, sino también lo superfluo, cuya única función es distinguir a un individuo de los demás (por la posesión de ropa más fina, mejores tierras, adornos más caros, etcétera).[33]

Lo perjudicial no es que los nobles desperdicien dinero en superficialidades, sino la competencia detrás de ese deseo de distinguirse. Quizás basta tener 2 mil dracmas para ser un aristócrata en Atenas. ¿Pero qué sucederá cuando el que a duras penas juntó esos 2 mil contemple el esplendor de los bienes del que tiene 200 mil? ¿No quedará carcomido por la envidia y elucubrará mil planes (dentro y fuera de la ley) para arrebatarle semejante fortuna?[34]

Entre más distintos son los aristócratas entre sí, mayor envidia reina entre ellos. Y no por razones equivocadas. Si en una aristocracia, por ejemplo, el requisito para formar parte del cuerpo de nobles es tener poder militar, es razonable que todos los aristócratas persigan en cada oportunidad incrementar su poder militar. Así, en teoría, cuando alguien tenga el mayor ejército de entre todos los aristócratas, ése será el individuo con mayor poder político, porque ha acaudalado la mayor cantidad del bien particular que permite el acceso a la aristocracia.

---

[31] Cfr. *Ibid.*, lib. II, caps. II-III; lib. III, caps. III-IV; lib. V, caps. II-VII; lib. VII, caps. I-III; lib. VIII, caps. II-V.

[32] *Ibid.*, lib. V, cap. IV, pp. 54-55.

[33] Cfr. *Ibid.*, lib. II, cap. III; lib. III, cap. IV; lib. V, cap. VIII; lib. VII, caps. I-III; lib. VIII, cap. V.

[34] Cfr. *Idem.*

Esa dinámica de envidia y ambición es precisamente la que destruye esta forma de gobierno. La aristocracia, recordemos, está simultáneamente enemistada con el pueblo y consigo misma. Con el pueblo, porque a éste no le parece nada grato estar excluido de la toma de decisiones y acecha con el propósito de derrocar al *status quo*. Con los aristócratas, porque entre ellos pelean para ser el ἀριστότατος (el máximo ἄριστος).

Una aristocracia en la que esa competencia se deja sin supervisar, advierte Montesquieu, se torna con el tiempo en una simple carrera hacia la monarquía.[35] Pensemos en una aristocracia basada en la riqueza. Quizás muchos nobles tengan riquezas considerables, pero el rey será quien haya acumulado la mayor, aquel que se haya servido mejor de ella para derrotar a sus adversarios. ¿Cuántos aristócratas habrán sido perjudicados en el camino hacia la monarquía de ese hombre? ¿Cuántas amistades se habrán roto, cuántos sobornos se habrán pagado, cuántas veces las leyes alterado? Las consecuencias para la cohesión del grupo de una lucha fratricida permanente de esas dimensiones son catastróficas.

Para mitigarla, propone Montesquieu, los aristócratas deben vivir la virtud de la moderación. Aunque entre ellos haya diferencias, deben tratarse *como si* todos ellos fueran iguales. Deben refrenar ese afán de distinguirse y de dominar sobre los otros e instaurar entre ellos los mismos mecanismos de decisión que habría en cualquier democracia (en cualquier gobierno entre iguales): la asamblea, el senado, los tribunales, etcétera.[36]

Una aristocracia que viva conforme a la virtud de la moderación, sería indistinguible en sus instituciones políticas, de una democracia. Cierto, el pueblo estaría excluido. Pero los mecanismos de legislación, jurisprudencia y toma de decisiones *ad intra* de la aristocracia, serían exactamente los mismos que los de la democracia.[37]

Montesquieu propone medidas adicionales para eliminar paulatinamente los resquicios de competencia entre los aristócratas. En primer lugar,

---

[35]   Cfr. *Ibid.*, lib. III, cap. IV y lib. V, VII.

[36]   Cfr. *Ibid.*, lib. II, caps. II-III; lib. III, caps. III-IV; lib. V, caps. II-VII; lib. VII, caps. I-III; lib. VIII, caps. II-V.

[37]   Cfr. *Idem.*

la vestimenta. Aunque puedan comprar ropas más finas, si los aristócratas se acostumbran a utilizar ropa sencilla, entre ellos no notarán las diferencias. Y si son lo suficientemente humildes y se visten como el pueblo, podrán hacer la aristocracia más llevadera para los oprimidos (reduciendo así la animadversión del pueblo contra ellos).[38]

Otra medida orientada a largo plazo para reducir las desigualdades económicas entre los aristócratas es un alto impuesto a las herencias. Puede que la primera generación de aristócratas sea muy dispar entre sí. Pero después de que los bienes heredados hayan pagado impuestos tras cuatro o cinco generaciones, muy probablemente las riquezas de todos los aristócratas sean más o menos homogéneas.[39]

La mejor aristocracia (las más funcional, la que tiene mayores posibilidades de subsistir con el paso del tiempo) es la que se parece más a la democracia. Es un gobierno de leyes (los nobles acatan las leyes en aras de no irritar ni al pueblo ni a los demás aristócratas), un gobierno entre iguales (al menos los aristócratas son iguales entre sí, tienen los mismos derechos políticos y un estilo de vida relativamente homogéneo), y en última instancia, admite Montesquieu, no sería raro que eventualmente una aristocracia con esas características se convirtiera en una democracia.

Por último, hay que decir que el lujo también corrompe la aristocracia porque los aristócratas son el resorte de esta forma de gobierno. Ellos nombran a los magistrados, ellos legislan y hacen cumplir las leyes. Si su riqueza les permite gozar de una vida rodeada de placeres, igual que el déspota, perderán interés por el gobierno.[40] Para evitar esa pereza no sólo debe reducirse la desigualdad de la riqueza entre los aristócratas, sino:

---

[38] "Si el fausto y esplendor que rodean a los reyes forman parte de su poder, la modestia y sencillez de maneras constituye la fuerza de los nobles aristócratas. Cuando [los aristócratas] no alardean de ninguna distinción, cuando se confunden con el pueblo, cuando se visten como él, cuando le hacen compartir todos sus placeres, el pueblo olvida su debilidad". *Ibid.*, lib. V, cap. VIII, p. 63.

[39] Cfr. *Ibid.*, lib. IV, caps. V-VIII.

[40] Cfr. *Ibid.*, lib. VII, cap. V.

Una aristocracia puede mantener el vigor de su principio si las leyes dejan sentir a los nobles los peligros y las fatigas del mando, más que sus delicias; si el Estado está en tal situación que tenga algo que temer y si la seguridad le viene de dentro, y la inseguridad de fuera.

[...] es preciso [...] que la república tema algo. El miedo a los persas mantuvo las leyes de los griegos [...] Es cosa singular que cuanto más seguros están estos Estados, más sujetos están a la corrupción, como las aguas demasiado quietas.[41]

Sabiendo ahora por qué la desigualdad y la opulencia pueden corromper la república, ¿cómo la evitamos? La respuesta está estrechamente vinculada con la fundación, la legislación y la política fiscal de la república.[42]

En términos de derechos políticos, la igualdad entre los ciudadanos de la república debe ser exacta.[43] Todos los habitantes de la democracia y los nobles de la aristocracia deben tener la misma capacidad de participar de las decisiones públicas.

Pero esa igualdad exacta no es indispensable en el caso de la riqueza y del modo de vida. Por el contrario, proponerse que todos los habitantes del Estado tengan una riqueza y una forma de vida absolutamente idéntica no traería más que problemas.[44] Aunque "la igualdad real sea el alma del Estado, es, sin embargo, tan difícil de conseguir que no siempre sería conveniente una exactitud extremada a este respecto".[45]

Montesquieu propone una batería de posibles mecanismos que permiten de forma gradual construir y preservar la igualdad en la república:

---

[41] *Ibid.*, lib. VIII, cap. V, p. 132.

[42] Cfr. *Ibid.*, lib. II, caps. II-III; lib. III, caps. III-IV; lib. V, caps. II-VII; lib. VII, caps. I-III; lib. VIII, caps. II-V.

[43] Nótese que utilizo la palabra "ciudadanos" y no "habitantes" porque, como hemos discutido en diferentes ocasiones, los miembros del pueblo en una aristocracia no pueden ser considerados ciudadanos por estar excluidos de la toma de decisiones.

[44] Cfr. *Ibid.*, lib. V, cap. V.

[45] *Ibid.*, lib. V, cap. V, p. 57.

Igual repartición de tierras en el momento de la fundación de la república. Si todos los ciudadanos de la república reciben, por ejemplo, tierra suficiente como para satisfacer sus necesidades de refugio y sustento, aunque no sean los grandes terratenientes que se vuelven ricos vendiendo el fruto de su tierra, al menos tendrán lo más elemental resuelto y no tendrán envidia de la tierra del vecino.[46]

Esta propuesta, advierte Montesquieu, es por sí misma insuficiente si no viene acompañada de leyes que preserven la igualdad. Quizás en el nacimiento de la república todos son iguales, pero sin leyes que prevean las circunstancias que pueden alterar la igualdad (*e.g.* la recepción de una herencia generosa, el éxito o el fracaso de una gran transacción comercial), todo el esfuerzo de la distribución igualitaria de tierras habrá sido inútil.[47]

Tasar todos los medios de adquisición de bienes. Sucesiones, testamentos, donaciones, dotes, comercio, etc. Los ciudadanos pueden haber iniciado su vida en una república en la que todos tenían las mismas riquezas, pero una donación, una herencia o un buen negocio pueden alterar esa igualdad en un abrir y cerrar de ojos.[48]

Montesquieu es partidario de tasar todos estos medios de adquisición en aras de que todos los ciudadanos de la república tengan riquezas más o menos similares. Pero para el caso del comercio hace una reflexión especial:

Verdad es que, cuando la democracia está fundada en el comercio, puede ocurrir que algunos particulares posean grandes riquezas sin que se corrompan las costumbres, porque el espíritu de comercio lleva consigo el de frugalidad, economía, moderación, trabajo, prudencia, tranquilidad, orden y regla. Así pues, mientras este espíritu subsista, las riquezas que produce no tienen efectos perniciosos. Lo malo es cuando el exceso de riquezas destruye el espíritu de comercio: surgen entonces los desórdenes de la desigualdad, que antes no se habían dejado sentir.

---

[46] Cfr. *Ibid.*, lib. V, caps. V-VI.

[47] Cfr. *Idem.*

[48] Cfr. *Ibid.*, lib. II, caps. II-III; lib. III, caps. III-IV; lib. V, caps. II-VII; lib. VII, caps. I-III; lib. VIII, caps. II-V.

Para mantener el espíritu de comercio es preciso que lo ejerzan los principales ciudadanos, que este espíritu reine sólo y no se vea trabado por ningún otro, que todas las leyes lo favorezcan y que éstas, junto con otras disposiciones encaminadas a dividir las fortunas a medida que el comercio las aumenta, den facilidades a los ciudadanos pobres para que puedan trabajar como los demás y pongan a los ricos en situación mediana, de modo que necesiten de su trabajo para conservar lo que tienen o para seguir adquiriéndolo.[49]

El comerciante que ya ha acaudalado una riqueza desorbitante se vuelve perezoso y opta por gozar de los lujos que le permite su fortuna. No importa si ahora un negocio sale mal o si la cuenta de bienes superfluos comprados es muy alta, pues nada en el mundo podría acabarse toda la riqueza acumulada.

En cambio, el comerciante que tiene una riqueza moderada, que sabe que tiene que seguir trabajando para conservar y acrecentar lo adquirido, es un hombre diligente, ordenado y frugal. Para incentivar la existencia de este tipo de comerciantes, Montesquieu propone una alta tasación a sus ganancias comerciales. Puede que un comerciante haya logrado un negocio muy lucrativo, pero si el impuesto que tiene que pagar es muy alto, no le queda más que seguir trabajando para alcanzar con otros dos o tres negocios la ganancia que hubiera obtenido si nunca se le hubiera cobrado el impuesto.[50]

Transferencia de recursos para los ciudadanos en situación de pobreza. Ya algo de esto adelantaba Montesquieu en la cita anterior. Los ciudadanos en situación de pobreza no pueden ser tan productivos como el resto de los habitantes del Estado. No tienen tanto capital para iniciar un negocio. No pueden descuidar su taller para escuchar la deliberación de la asamblea (o comen o participan en política). Ése es uno de los dilemas que han acompañado a todas las democracias de la humanidad.

En una democracia todos los ciudadanos tienen los mismos derechos políticos (todos pueden votar, ser electos para un cargo público, etc.), pero

---

[49]   *Ibid.*, lib. V, cap. VI, p. 59.

[50]   Cfr. *Idem.*

no todos tienen las mismas posibilidades para ejercerlos. Hay una razón por la cual los ciudadanos atenienses podían pasar largas horas deliberando en la asamblea. Para ser ciudadano, se necesitaba ser rico. El rico no tiene que preocuparse por adquirir sus medios de subsistencia, algunos los han heredado y otros más los trabajan sus administradores y sus esclavos. En cambio, el pequeño artesano ateniense, que no es esclavo, pero tampoco es millonario, tiene que trabajar todos los días para subsistir. Sería imprudente acudir a la asamblea para votar el nombramiento de los jueces, porque implicaría dejar de trabajar (dejar de ganar dinero) ese día.

Es economía básica, costo de oportunidad. Emprender una actividad me implica dejar de hacer otras. Si yo decido estudiar Filosofía, ya no puedo estudiar cualquier otra carrera durante los próximos cuatro años porque una licenciatura absorbe mucho tiempo y esfuerzo. El *homo economicus* pondera qué elección de carrera es la que traerá más beneficios (*x* carrera me traerá dinero, *x* carrera me llenará espiritualmente, etc.). La misma lógica económica, de acuerdo con los postulados de la teoría de la elección racional, impera en las decisiones políticas.[51] Enterarse de política es costoso en términos de tiempo. Dar seguimiento a las propuestas de un candidato, estudiar a detalle su proyecto político, toma tiempo. El rico, que tiene tiempo de ocio, puede darle seguimiento a la agenda política.[52] Pero no la persona en situación de pobreza. En lugar de pasar seis horas estudiando las propuestas de todos los candidatos, el pobre elegirá trabajar esas seis horas para ganar dinero. Esa dinámica es la que anima las redes clientelares en muchos países. Tú eres pobre, no tienes tiempo de enterarte de política. No te preocupes, yo te ahorro el trabajo de pensar, vota por mí, te doy algo de dinero y todos contentos. Comprar el voto de los ricos es muy caro, el voto de los pobres es menos costoso. No es lo mismo convencer a Carlos

---

[51] Cfr. Anthony Downs, "An Economic Theory of Political Action in a Democracy", *Journal of Political Economy* 65, núm. 2, abril de 1957, pp. 135-150. Beatriz Magaloni, "Elección racional y voto estratégico: algunas aplicaciones para el caso mexicano", *Política y Gobierno* 1, núm. 2, 1994, pp. 309-344. Kenneth Shepsle y Mark Bonchek, "Rationality: The Model of Choice", en *Analyzing Politics: Rationality, Behavior, and Institutions*, Nueva York, W. W. Norton & Company, s. f., pp. 15-35. William Riker, "The Political Psychology of Rational Choice Theory", *Political Psychology* 16, núm. 1, marzo de 1995, pp. 23-44.

[52] La σχολή es la madre de todos los vicios... y de la filosofía.

Slim de que vote por ti a ofrecerle 500 pesos y un desayuno a alguna persona en situación de pobreza.

Montesquieu advierte este riesgo (que la pobreza aleja a los ciudadanos de la participación política y los hace vulnerables al clientelismo) y propone que las repúblicas deben establecer un criterio (un estándar de vida mínimo) a partir del cual las diferencias entre ciudadanos son inadmisibles (por atentar contra el espíritu de igualdad republicano). Fijado ese estándar, las leyes tienen la misión de eliminar la desigualdad mediante dos estrategias. Por un lado, otorgar facilidades a los pobres para que alcancen el paso. Por otro, imponer ciertas cargas a los ricos para que la desigualdad no siga creciendo.[53]

Esta propuesta es material radioactivo. Montesquieu sabe que está jugando con fuego. No es muy específico sobre cómo funcionaría tal esquema de ventajas para los pobres y cargas para los ricos (probablemente porque nunca conoció las herramientas que para tal efecto se emplean en las políticas públicas contemporáneas: subsidios, créditos a baja tasa de interés, estímulos fiscales, etc.). Lo que sí advierte son los peligros de aplicar semejantes medidas de forma imprudente.

Tales cargas, afirma Montesquieu, tendrían que imponerse de forma moderada y a largo plazo. De lo contrario, los ricos "odiarían la igualdad que se trata de introducir".[54] Montesquieu es famoso en la literatura secundaria precisamente porque siempre aconseja moderación antes de introducir cambios políticos. La desigualdad no sólo no puede erradicarse de pronto, sino que además sería dañino intentarlo. Lo único que generaría es resentimiento, odio de los ricos a los pobres.

El único momento en que sería inevitable intentar introducir la igualdad en un lapso corto, sería si la desigualdad hubiera escalado a tal grado que pusiera en peligro la subsistencia de la república. En un escenario tan

---

[53] Cfr. Montesquieu, *op. cit.*, lib. V, cap. V.

[54] *Ibid.*, lib. V, cap. V, p. 57.

dramático, sería inevitable que "los pobres se crean obligados a buscar ese remedio y los ricos obligados a sufrirlo".[55]

La república debe ser pequeña (confinada al territorio de una ciudad). Ésta es una de las propuestas más radicales de Montesquieu y la que resulta absolutamente central para su teoría de la paz. Dado que las tentaciones del lujo y la opulencia son demasiado grandes, la república debe ser pequeña, de tal forma que *no haya condiciones materiales para que nadie se vuelva estrafalariamente rico.*

> Pertenece a la naturaleza de la república no poseer más que un pequeño territorio, pues sin esta condición no puede subsistir. En una república extensa hay grandes fortunas y, por consiguiente, poca moderación en los espíritus. Hay riquezas demasiado grandes entre las manos de un ciudadano; los intereses se particularizan; si un hombre empieza a pensar que puede ser feliz, grande, glorioso, sin su patria, pronto puede ser el único grande sobre las ruinas de su patria.[56]

¿Por qué esta característica hace a la república un gobierno pacífico? Porque una nación pequeña no tiene capacidades militares para emprender una campaña expansionista ni representa una amenaza para sus vecinos. La república no es una potencia expansionista porque no tiene capacidades para serlo. Y tampoco tienta a sus vecinos a combatirla porque, siendo una amenaza tan pequeña, no incurre en el famoso *dilema de la seguridad* de John Herz.

En uno de los textos canónicos de Relaciones Internacionales, Herz describe la dinámica de la Guerra Fría de la siguiente manera.[57] Un Estado A decide invertir en su poder militar y generar alianzas con otras naciones en aras de incrementar su seguridad. El Estado B interpreta tales medidas como una amenaza, por lo que reacciona invirtiendo igual o más recursos que el Estado A para aumentar también sus capacidades militares y número

---

55 *Ibid.*, lib. V, cap. V, p. 55.

56 *Ibid.*, lib. VIII, cap. XVI, p. 140.

57 Cfr. John Herz, *Political realism and political idealism: a study in theories and realities*, Chicago, University of Chicago Press, 1951.

de aliados. El Estado A quería incrementar su seguridad y, paradójicamente, lo único que ha hecho es disminuirla. Ahora el Estado B tiene mucho más capacidades militares y mayores razones para sospechar que una agresión se planea en su contra, capacidades y sospechas que nunca hubieran incrementado si A no hubiera hecho el primer movimiento.

Una república pequeña, al ser incapaz financieramente de mantener grandes ejércitos, no incita a que otras naciones emprendan ataques preventivos contra ella por sentirse amenazadas.

Ésta es la segunda ocasión en que aparece una relación esencial entre el territorio y la forma de gobierno de un Estado. Así como un gran imperio necesita un gobierno despótico para poder atender de forma expedita las necesidades de las provincias más lejanas, una república, suscribe Montesquieu, necesariamente debe ser pequeña de modo que nadie tenga condiciones materiales para adquirir una inmensa riqueza (que conduce al rico al egoísmo y a una vida disoluta).

Hasta ahora sabemos que la república es una forma pacífica de gobierno por dos razones. 1. Carece del incentivo del honor (de las monarquías) y del temor (de los gobiernos despóticos), de manera que sus ciudadanos no tienen ninguna motivación para emprender una campaña de conquista. 2. La república necesariamente debe tener un territorio pequeño para que no puedan generarse riquezas excesivas (incluso aunque los ciudadanos de la república por alguna razón desearan agredir a sus vecinos para adquirir bienes y tierras, no tienen una economía lo suficientemente robusta como para mantener un ejército grande). Tener un ejército pequeño tampoco representa una amenaza para sus vecinos, lo cual reduce la posibilidad de que reciba un ataque preventivo de acuerdo con la paradoja de la seguridad de Herz.

Hay otros dos argumentos territoriales para afirmar que la república es la forma más pacífica de gobierno. El principio de la república, recordemos, es la virtud (con la que el ser humano no nace, sino que debe adquirirla mediante un proceso educativo). Páginas atrás desarrollamos el argumento arquitectónico mediante el cual Montesquieu proscribe el expansionismo a las monarquías. Si la monarquía se sobreexpande, los territorios lejanos ya no tendrán un gobierno conforme a leyes ni serán sujetos a la inspección del príncipe, sino que cada gobernador tendrá discreción para gobernar como le plazca.

El mismo argumento aplica para las repúblicas. El republicano enamorado de su patria, de la constitución, de su forma de gobierno, bajo ningún pretexto impulsará una guerra de conquista, porque ello degeneraría en la pérdida de una de las características esenciales de la república, a saber, ser un gobierno de leyes. Si una república se sobreexpande, los gobernadores de las provincias más lejanas necesitarían gobernar discrecionalmente pues tomaría demasiado tiempo esperar la deliberación de la asamblea, del senado y de los magistrados en la capital. Además, la ley sólo puede prever los casos que conoce. Quizás en la fundación de la república se determinó que ante la conducta *x* siempre se siga la consecuencia *y*. Pero quizás en los lejanos páramos del norte, el gobernador de dicha provincia se ve obligado a decretar que en ese territorio, ante la conducta *x*, se seguirá la consecuencia *z*. Y quizás en las selvas del sur será necesario, para evitar grandes inconvenientes, que ante la conducta *x* no haya consecuencias en absoluto. Poco a poco la ley, que en principio estaba orientada a tener validez universal, se verá entorpecida e ignorada ante mil excepciones que la propia ley no previó pues, en su nacimiento, el legislador la concibió para regir el territorio original de la república, con sus características particulares.

De la misma manera, un republicano comprometido con la preservación de su forma de gobierno no permitiría la sobreexpansión de la república porque la captura de más territorios y bienes *permitiría la adquisición de riquezas desmesuradas*, condición que genera desigualdad entre los ciudadanos (poniendo así en peligro a las dos formas de la república). La riqueza generaría el egoísmo que sabotea las democracias y la envidia que sabotea las aristocracias. Los nuevos ricos (los conquistadores) ya no tendrían interés en formar parte del proyecto político de la democracia (que consiste en una vida frugal y en el sometimiento a las leyes que los ciudadanos se dieron a sí mismos) y los aristócratas iniciarían su carrera hacia la monarquía.

La sobreexpansión atenta contra tres características de la república. Vulnera la observancia de la ley, la preservación de la igualdad y también atenta contra una tercera característica que hasta el momento no habíamos desarrollado, a saber, que en la república los ciudadanos supervisan constantemente las labores del gobierno y le exigen cuentas.[58]

Ambas formas de la república necesitan arquitectónicamente del activo involucramiento de sus ciudadanos en los asuntos públicos. Si los ciudadanos de una democracia no se apasionan por la política, la república morirá por apatía, por falta de interés (ningún funcionario puede obligar a los ciudadanos a participar de las decisiones políticas). En el caso de la aristocracia, como los nobles son los únicos que tienen derecho al voto y acceso a los cargos públicos, si ellos no toman las riendas del gobierno, nadie más lo hará.

> En una república extensa, el bien común se sacrifica ante mil consideraciones, se subordina a excepciones, depende de accidentes. En una república pequeña, el bien público se palpa, se conoce mejor, está más cerca de cada ciudadano, los abusos están menos extendidos y, por tanto, menos protegidos.[59]

En la monarquía y en el gobierno despótico, el gobierno está fuera del alcance de la mano de los habitantes del Estado. Por el contrario, en la república son los ciudadanos quienes se encargan de la conducción del gobierno. Los ciudadanos de la república no necesitan viajar a una lejana capital para tomar conocimiento del desempeño de sus funcionarios, sino que al estar la república confinada a una sola ciudad, basta caminar unos cuantos kilómetros para llegar a la asamblea, al senado, a los tribunales. La inspección del gobierno es cercana, se conoce a los funcionarios electos y no hay artimaña que se pueda elucubrar en secreto.

Esta característica es importantísima para la paz porque, gracias a la permanente vigilancia y participación de los ciudadanos en los asuntos públicos, incluso si un grupo de personas conspirara para provocar una guerra de expansión, los ciudadanos de inmediato podrían advertir y combatir la conspiración.

---

58 Cfr. Montesquieu, *op. cit.*, lib. II, cap. II y lib. VIII, cap. XVI.

59 Cfr. *Ibid.*, lib. VIII, cap. XVI, p. 140.

En resumidas cuentas, el ciudadano comprometido con la preservación de la república bajo ningún concepto permitiría una guerra de expansión porque implicaría: 1. La pérdida del gobierno de leyes. 2. La pérdida de la igualdad. 3. La pérdida de la posibilidad de supervisar el gobierno (en un territorio extenso, a los ciudadanos les resulta más difícil inspeccionar las labores del gobierno). En pocas palabras, implicaría la corrupción de la república (su transformación en otra forma de gobierno).

Hasta el momento hemos descrito los *incentivos* para explicar por qué la república es la forma más pacífica de gobierno. Pero también es pacífica por su *vida institucional*. Pero antes de profundizar en la vida institucional de la república, se debe hablar del tercer pilar de la teoría de la paz de Montesquieu: el comercio.

4. El comercio como mecanismo civilizatorio

> *El efecto natural del comercio es la paz.*
> Montesquieu, *Del espíritu de las leyes*, XX-II

Las principales reflexiones de Montesquieu en torno al comercio están situadas en los libros XX y XXI de *Del espíritu de las leyes*, y una de las mejores reconstrucciones de su doctrina comercial fue publicada en 2012 por Haig Patapan.[1] Dicha doctrina descansa sobre dos tesis: 1. Que el comercio produce orden y paz *ad intra* y *ad extra* en las naciones. 2. Que el comercio suaviza las costumbres de las naciones bárbaras y mitiga la violencia de las despóticas.

Empecemos por la segunda. La interacción comercial, advierte Montesquieu, exige cordialidad entre sus participantes. Siendo el comercio un medio de adquisición voluntaria (a diferencia del pillaje), vendedores y compradores entran en un juego de seducción de la voluntad que requiere de amabilidad y buenos modales.[2] Esta dinámica tiene muchas expresiones. El empresario que invita a un cliente potencial a comer a un restaurante elegante, el frutero que regala una muestra de su producto a los transeúntes, el vendedor que llama con palabras dulces a todo caminante que se aproxima a su escaparate. Ningún comprador se siente dispuesto a entregar su dinero a un vendedor de mala cara y ningún vendedor se siente tranquilo de ir a vender sus mercancías a un cliente violento.

---

[1] Cfr. Haig Patapan, "Democratic international relations: Montesquieu and the theoretical foundations of democratic peace theory", *Australian Journal of International Affairs* 66, núm. 3, junio de 2012, pp. 313-329.

[2] Cfr. *Idem*. Montesquieu, *op. cit.*, lib. XX, caps. I-II.

Esta exigencia de cordialidad en las negociaciones comerciales, afirma Montesquieu, tiene el potencial de suavizar las costumbres incluso de los pueblos más bárbaros, despóticos y violentos.[3]

Imaginemos el caso de un líder tribal acostumbrado a beber la sangre de sus enemigos y a atacar cuanta caravana se cruza en su camino. Este líder tribal está harto de beber los licores que se producen en su tierra y ha escuchado de las bondades del vino francés. Imaginemos que un intrépido comerciante, que hace caso omiso de las advertencias de sus compañeros, se aventura en las inhóspitas montañas para ofrecerle algo de vino. Si el líder tribal asesina al comerciante, ningún otro se atreverá siquiera a acercarse para vender sus mercancías. Si, por el contrario, refrena su sed de sangre, acepta el precio del vino sin estallar en cólera y se abstiene de negociar un "descuento" con espada en mano, sin lugar a dudas muchos otros comerciantes se sentirán en confianza de acudir a dicha aldea a proveer el vino que tanto deleita a este individuo.

Con el paso del tiempo, el líder de esta aldea ya no tendrá que hacer tanto esfuerzo para refrenar su cólera, pues habrá adquirido un hábito a base de la repetición de una conducta. Quizás en las primeras compras la tensión podía palparse en la tienda donde se reunían el comerciante y el jefe de la aldea. Con los años, la relación entre comprador y vendedor se hará más cordial, más amena, incluso podría desarrollarse una amistad.

El comercio, afirma Montesquieu, tiene un potencial civilizatorio. Puede suavizar las costumbres de los pueblos más salvajes y violentos e instruirlos en la cordialidad y en los buenos modales.[4] El comercio, para alcanzar su fin (la compra-venta), requiere de dos elementos. 1. La seducción de la voluntad del comprador. Lograr convencerlo de que determinado producto o servicio satisface su deseo o necesidad. 2. Que el vendedor se sienta seguro de que ni su vida, ni su mercancía, ni su pago están en peligro en el momento de comerciar.

Este segundo elemento es clave y nos da pie para desarrollar los argumentos de Montesquieu en torno al comercio como instrumento pacificador:

---

[3] Cfr. *Idem.*

[4] Cfr. Patapan, *op. cit.*, pp. 313-329.

The spirit of acquisition, according to Montesquieu, reveals and reinforces the natural desire for security and property. In directing men and women to their material welfare, commerce shifts attention away from devotion to king or country, or even personal glory and salvation. It therefore encourages hard work, tolerance and love of peace. Importantly, a concern with one's own security or prosperity —in short, oneself— results in a new approach to others, an enlightened view about their plight, insecurity and weakness. In this new appreciation of a commonality, individuals realize their need for others, and how others need them. In this way, a sense of common humanity, and therefore mutual pity and compassion, is engendered by increased human intercourse, not only towards neighbors, but by extension, foreigners. Consequently, the treatment of all other individuals is softened as one becomes capable of identifying oneself with them... 'The natural effect of commerce', according to Montesquieu, 'is to lead to peace'. The spread of trade and the spirit of commerce will not only make nations interdependent, but nations are united on the basis of mutual needs... Thus, our need for security and desire for comfort make possible a common humanity and, thereby, a more peaceful world.

[...] Domestically, governments increasingly rely on revenue from commerce and therefore are compelled to protect it. The protection of labor, the maintenance of travel and transport, and the securing of free exchange and market competition, as well as enforcement of contracts, becomes an important obligation. The spirit of commerce, which favors fairness, law-abidingness and, thereby, increasing prosperity and stability, supports the rule of law...[5]

El comercio, en pocas palabras, incita en los individuos y en las naciones el deseo de seguridad, seguridad para las personas y para las mercancías.

---

[5] *Ibid.*, pp. 317-318.

¿Pero qué es la seguridad? Puede definirse de dos formas, en su sentido etimológico y en su sentido epistemológico.[6]

El adjetivo *securus* significa "sin preocupación", "tranquilo", "sin temor". Este vocablo latino refiere a un estado de conciencia en que un individuo se siente tranquilo al percibir que en su entorno no hay ninguna amenaza ni contra su vida ni contra su propiedad.[7]

La seguridad tiene una esfera subjetiva (el ámbito de la percepción) y una esfera objetiva (el estado del mundo). Podría un individuo percibir una amenaza donde no la hay (paranoia) o que un animal perciba ausencia de amenazas cuando en realidad hay un depredador cerca (un descuido, una mala apreciación de la realidad). Para decir que un individuo está seguro, deben cumplirse dos condiciones. Por un lado, que en efecto en el mundo haya una ausencia de amenazas contra su vida e integridad (seguridad objetiva) y, por otro, que el individuo sienta tranquilidad tras haber apreciado correctamente su entorno y no haber descubierto ningún peligro (seguridad subjetiva).[8]

A la seguridad, por otra parte, en el campo de la epistemología, se le conoce como "certeza". La "certeza" no es sinónimo de "verdad". Cuando un individuo enuncia la proposición "estoy seguro de que lloverá hoy", transmite su confianza en que dicho pronóstico se cumplirá. Puede que más tarde no llueva, pero lo innegable es que dicho individuo tenía certeza de que más tarde llovería. Tal individuo estaba genuinamente comprometido con esa proposición y actuó en consecuencia (*e.g.* llevando su paraguas).[9]

La relación entre la certeza epistemológica y la seguridad de las personas ha sido ampliamente desarrollada por la corriente del *institucionalismo*, que floreció durante el siglo xx en el campo de la ciencia política. Existe una apasionante discusión entre los politólogos en torno a qué es una "institución" y qué es lo que tiene que cumplir una organización humana para

---

[6]   Cfr. Víctor Hernández, "Necesidad de la seguridad humana en México" (tesina), México, Universidad Anáhuac, 2016, caps. I-II.

[7]   Cfr. *Idem*.

[8]   Cfr. *Idem*.

[9]   Cfr. *Idem*.

recibir dicho título. Para efectos de este libro, me permito adoptar la siguiente definición.

Una "institución" es una organización humana que recibe información, la procesa y arroja resultados predecibles.[10] Si una organización ha determinado que ante el caso x siempre se siga la consecuencia y, dicha organización sólo podrá ser llamada "institución" en la medida en que sea congruente con el curso de acción que tomó (es decir, en la medida en que siempre que se le presente el caso x, como respuesta arroje y).

Una buena instancia para ejemplificar la diferencia entre una institución y una mera organización es el caso del crimen organizado en México. Si por azares del destino, un individuo coincide en un restaurante con un gran capo mexicano y el ciudadano, cansado de la epidemia de inseguridad vivida en el país, decide abofetearlo, la consecuencia será inevitable. El ciudadano pagará su insolencia con su vida, no hay margen para interpretación ni para dudas. A la conducta x le seguirá indudablemente la consecuencia y.

La delincuencia en México no es delincuencia organizada, sino delincuencia institucionalizada, porque cada vez que se presenta el caso x, con estricto rigor se generan la consecuencia y. Si alguien no paga el derecho de piso, se le quema su negocio y se le ejecuta. Si algún individuo u autoridad apoya al grupo rival, se le persuade por el dinero o por las armas. Si un periodista produce un reportaje poco favorable al cártel, se le silencia para siempre.

El sistema de justicia en México, muy por el contrario, no está institucionalizado, sino meramente organizado.[11] Es un grupo de personas que procesan información (denuncias, querellas, actas, amparos, etc.) y que arrojan resultados francamente impredecibles. Uno puede ser inocente y acabar tras las rejas. Uno puede ser culpable y evadir la cárcel. Y todo por variables externas al proceso judicial. Un delincuente puede salir libre porque el agente

---

[10]   Esta definición no fue generada a partir de algún libro o artículo en concreto, sino que es fruto de la conversación que he sostenido con mi profesora de institucionalismo, la Mtra. Alexandra Uribe, del ITAM.

[11]   UDLAP, "Índice Global de Impunidad México 2016", accedido 31 de julio de 2019, https://www.udlap.mx/igimex/2016/resumenejecutivo.aspx. Cfr. Inegi, "Encuesta Nacional de Victimización y Percepción sobre Seguridad Pública (Envipe) 2019", accedido 6 de noviembre de 2019 [en línea], disponible en <https://www.inegi.org.mx/contenidos/programas/envipe/2019/doc/envipe2019_presentacion_nacional.pdf>.

que lo presentó ante el Ministerio Público no sabe llenar el informe policial homologado que debe redactarse tras cualquier detención. Puede salir libre si da dinero al Ministerio Público o a los policías que lo detuvieron para que la droga con la que fue detenido se "pierda" antes del juicio.[12] Una víctima de violación puede ver a su victimario eludir el castigo simplemente porque el fiscal que tenía que defender su caso es un incompetente, que entró al servicio público por compadrazgo, no por ser un experto litigante.[13]

Al entrar al sistema de procesamiento de la justicia mexicana, el detenido enfrenta una absoluta incertidumbre. Su culpabilidad o inocencia no dependen del proceso judicial (de la habilidad de su abogado defensor, la contundencia de las pruebas, la imparcialidad del juez), sino de variables externas (qué tanto dinero tiene disponible para sobornos, la incompetencia de los policías o del Ministerio Público, el interés o no de los medios de comunicación en el caso, etcétera).

Las instituciones, como puede apreciarse, dotan a la vida cotidiana de una característica esencial para la vida en común, la *predictibilidad*. Si tengo certeza de que la delincuencia reaccionará de forma *y* a la conducta *x*, puedo planear a futuro estrategias que impidan que la situación *x* se presente.

Una argumentación similar desarrolla Hannah Arendt en *De la historia a la acción* cuando afirma que las promesas son indispensables para la vida en comunidad.[14] En un mundo eternamente cambiante (πάντα ρεῖ καὶ οὐδὲν μένει), en el que nuestras inducciones generadas a partir de eventos pasados puede que no sean válidas para predecir el futuro, hay un pequeño islote de seguridad en el que podemos descansar al navegar en el océano de la incertidumbre: las promesas. Las promesas son un eco del *als ob* kantiano. Puede que mañana no salgan ni el sol ni las estrellas, pero yo te prometo que te pago mañana. Mi interlocutor puede vivir su día *como si* le fuera

---

12   Cfr. "Se les pierde la droga asegurada en Tepito", *El Universal*, 1 de noviembre de 2019, [en línea], disponible en <https://www.eluniversal.com.mx/metropoli/se-les-pierde-la-droga-asegurada-en-tepito>.

13   En México, opina Fernando Galindo, no se puede confiar ni en la corrupción. "Tú puedes pagarle al juez para que sentencie a tu favor y aun así perder el juicio."

14   Cfr. Hannah Arendt, *De la historia a la acción*, trad. Fina Birulés, Barcelona, Paidós, 1995.

a pagar mañana, puede planear tomando como certero aquello que le fue prometido.

Las promesas y las instituciones, ciertamente, no son infalibles. Pero en la medida en que se tienda a cumplir lo prometido, los miembros de una comunidad pueden dotar su vida de predictibilidad y de certeza: Si sé que los narcotraficantes asesinan a quienes les faltan al respeto, quizás lo más prudente sea no cachetearlos; si sé que normalmente los bancos regresan el dinero que fue depositado para su resguardo, puedo vivir confiado en que puedo acudir al cajero, puedo vivir *como si* los bancos siempre regresaran el dinero que les fue depositado. De acuerdo con Montesquieu, eso es precisamente lo que produce el comercio: predictibilidad.

El comercio, dice uno de los ávidos lectores de Montesquieu, Benjamin Constant, huye de la incertidumbre y de la violencia.[15] De acuerdo con la reconstrucción de la doctrina comercial de Montesquieu que hace Patapan, los comerciantes sólo llevan sus productos y servicios a países donde: 1. Se respetan los contratos. 2. Existen controles para evitar el abuso de autoridad (minimizando así la posibilidad de un embargo arbitrario). 3. Se protege la seguridad de las personas y de las mercancías (esto abarca la protección de las carreteras y la seguridad de la navegación para proteger el flujo de bienes, personas y dinero). 4. Se permite la libre competencia. En pocas palabras, el comercio sólo florece en un contexto de seguridad jurídica y de seguridad pública, en un estado de derecho (*rule of law*).[16]

El respeto a los contratos y la prevención del abuso de autoridad entran en el ámbito de lo que hoy se denomina "seguridad jurídica". Ningún comerciante tiene incentivos para trabajar en un país en el que los contratos o los pagarés no se hacen cumplir (donde no hay *law enforcement*), pues entonces el pago por sus servicios sería siempre incierto.[17] Esa regla aplica no sólo para el comercio, sino también para el crédito. Los grandes bancos (incluso en la actualidad) cobran altos intereses en los países en donde es

---

[15]   Cfr. Benjamin Constant, "De la libertad de los antiguos comparada con la de los modernos", en *Escritos políticos*, trad. María Luisa Sánchez Mejía, Madrid, Centro de Estudios Constitucionales, 1989, pp. 257-285.

[16]   Cfr. Patapan, *op. cit.*, pp. 313-329.

[17]   Cfr. *Idem*.

muy difícil cobrar (por la ineficiencia de los tribunales) y suelen cobrar bajo interés en países donde el sistema de justicia funciona (donde el deudor puede ser llamado a cuentas por incumplir con el banco).[18] En países donde los tribunales no desalojan a los inquilinos morosos, el mercado inmobiliario se desploma, pues rentar una propiedad a alguien implica una alta posibilidad de que ya no se pueda expulsar al inquilino en caso de impago.

El gobierno conforme a leyes (es el caso de la república y la monarquía), a diferencia del gobierno conforme a capricho (el despótico), tiene la pretensión de ser un gobierno institucional. En la república y en la monarquía, el juez no dicta sentencia a su antojo, sino conforme a lo estipulado en la ley. Si la ley determina que ante la conducta x se sigue la pena y, la labor del juez es determinar si la parte acusadora (el fiscal) logró probar más allá de toda duda razonable que la conducta del imputado es la misma que la ley tipifica como x, y por tanto, es acreedor al castigo y.

La ley tiene la intención de dotar a la vida en común de predictibilidad. Si alguien incurre en la conducta criminal x, el Estado, mediante la policía, el ministerio público y los tribunales, se encargará de que se siga la consecuencia y. No se trata de una decisión tomada para afectar o beneficiar a un individuo en concreto a capricho del juez, porque la ley es ciega y aplica a todas las conductas x presentes y futuras, sin importar quién las cometa.

El imperio de la ley, dice Patapan, es también indispensable para evitar el abuso de autoridad.[19] Los comerciantes no llevarán sus mercancías a un país en el que sus productos podrían ser embargados arbitrariamente o en el que los funcionarios públicos cobren derecho de piso para permitirles trabajar.

Como puede apreciarse en esta descripción, los comerciantes tienen una especial animadversión por los gobiernos despóticos, que se caracterizan precisamente por su inseguridad (por su impredecibilidad). En el gobierno despótico, la única ley es el capricho del príncipe, que muda a cada instante. En el gobierno despótico cada funcionario tiene tanta discrecionalidad como la tiene el propio príncipe, de forma que se puede expropiar,

---

18 Cfr. Montesquieu, *op. cit.*, lib. V, cap. XV.

19 Cfr. Patapan, *op. cit.*, pp. 319-329.

arrestar, embargar e incautar lo que sea y a quien sea; pues ésa es la recompensa del príncipe a sus vasallos, la comunicación íntegra de su poder. De tal forma que a capricho del funcionario la conducta x podría tener un día la consecuencia y, otro la consecuencia z; para los amigos, la cortesía a y para los rivales, la pena b.

El comercio, señala Patapan, también exige seguridad pública, particularmente la protección de las vías de comunicación terrestres, marítimas y aéreas que permiten el flujo de personas (*e.g.* inversionistas que viajan para empezar un negocio), bienes y dinero. La piratería, el asalto a las diligencias, el robo en vía pública, todo ello desincentiva a potenciales turistas e inversionistas de visitar determinado país por miedo a que su vida o sus pertenencias corran peligro.[20]

El comercio no genera paz y seguridad por arte de magia. Los intercambios comerciales están motivados por el interés de ganar dinero (vendedor) y de satisfacer un deseo (comprador). En la medida en que un Estado depende cada vez más del comercio para volverse rico o para satisfacer sus necesidades, tiene incentivos para proteger el comercio dentro de sus tierras. Si un Estado necesita, por ejemplo, importar todos sus vegetales porque no tiene suficiente tierra para cosechar los propios, procurará que se respeten los contratos celebrados por los agricultores extranjeros, comisionará a la policía con la protección de sus diligencias en las carreteras y a la armada con la persecución de los piratas que deseen saquear sus embarcaciones. Incluso si se trata de un Estado despótico, si éste quiere seguir comerciando con los agricultores, ordenará a sus funcionarios refrenar su discrecionalidad ante estas personas.

Para los gobiernos republicano y monárquico, estas conductas no son ninguna novedad. En la democracia, las leyes se cumplen porque se aman; en la aristocracia se cumplen para no irritar ni al cuerpo de nobles ni al pueblo oprimido y en la monarquía se cumplen para adquirir honor. Pero el comercio sí introduce una serie de conductas novedosas en el gobierno despótico.

---

[20] Cfr. *Idem.*

De todos los gobiernos despóticos, el que más agobia a sí mismo es aquel en que el príncipe se declara propietario de todos los terrenos y heredero de todos sus súbditos: de ahí resulta invariablemente el abandono del cultivo de la tierra. Y si, por otra parte, el príncipe es mercader, perecerán todas las industrias.

En estos Estados nadie repara ni mejora nada: no se construyen casas más que para el tiempo que uno ha de vivir, no se hacen fosos ni se plantan árboles, se saca todo de la tierra sin devolverle nada, todo está inculto, todo está desierto.

Podríamos pensar que las leyes que suprimen la propiedad de la tierra y la sucesión de los bienes disminuyen la avaricia y la codicia de los grandes, pero no es así, sino que las irritan: cada cual sentirá la tentación de cometer mil atropellos porque sólo creerá tener en propiedad el oro y la plata que pueda robar o esconder.

Para que no se pierda todo, es bueno que alguna costumbre modere la avidez del príncipe. Así en Turquía el príncipe se conforma con tomar el 3 por 100 sobre las sucesiones de su pueblo. Pero el Gran Señor da la mayor parte de las tierras a la milicia y dispone de ellas según su capricho; se apodera de todas las herencias de los oficiales del imperio; al morir un hombre sin hijos varones, el Gran Señor se queda con la propiedad y las hijas no gozan más que del usufructo; por todo ello resulta que la mayor parte de los bienes del Estado se poseen de manera precaria.[21]

[...] La pobreza y la inseguridad en los Estados despóticos naturalizan en ellos la usura, ya que cada cual aumenta el precio de su dinero según el riesgo que corre al prestarlo. Así pues, la miseria se infiltra por

---

21 Montesquieu, *op. cit.*, lib. V, cap. XIV, pp. 74-75.

todas partes en estos países desdichados: sus habitantes se ven privados de todo, hasta de recurrir al préstamo.

De ahí que un comerciante no pueda hacer comercio a gran escala, sino que tiene que vivir al día, pues si se hiciese cargo de muchas mercancías perdería más en los intereses del pago que lo que ganase en su venta.[22]

Una de las inseguridades características del gobierno despótico, como puede apreciarse, es la inseguridad de la propiedad. Todo se posee precariamente, por un tiempo incierto. En cualquier momento un vasallo del príncipe puede confiscar los bienes de un individuo. Cuando muere una persona, la amplia mayoría de los gobiernos despóticos declaran heredero al príncipe, de manera que no sólo se vulnera el patrimonio de un individuo, sino el de una familia entera.[23]

En un contexto así, dice Montesquieu, nadie tiene incentivos para emprender proyectos a largo plazo. El agricultor no desea cosechar más que lo que puede consumir, pues todo lo que sobre puede ser robado, expropiado o confiscado. Nadie quiere adornar ni arreglar su casa, pues en cualquier momento puede perderla. Lo único que puede esconderse con cierto éxito es el dinero, pero fuera de eso nada puede poseerse.

La confiscación arbitraria de una propiedad es contraria al gobierno republicano y al monárquico no sólo porque representa una violación de la ley (de *x* se sigue *y* porque la ley así lo marca, no por capricho de un funcionario), sino que es especialmente peligrosa porque destruye los medios de manutención de una familia.

En los Estados moderados es muy distinto. Las confiscaciones harían insegura la propiedad de los bienes, despojarían a los hijos inocentes, destruirían una familia, cuando no se trata más que de castigar a un culpable. Al privar a un ciudadano del modo de cubrir sus necesidades, en

---

[22] *Ibid.*, lib. V, cap. XV, p. 78.

[23] En especial se vulnera el patrimonio de las generaciones futuras. Si un individuo hereda los bienes de sus padres o abuelos, tiene mejores condiciones materiales que si empieza desde cero.

las repúblicas se causaría un daño muy grande, pues se alteraría la igualdad, que constituye el alma de dicho gobierno.[24]

El abuso de poder es especialmente destructivo para la república porque privar a una familia de sus medios de subsistencia elimina la igualdad que es indispensable para la democracia (como argumentamos páginas atrás, Montesquieu propone una suerte de línea de pobreza que si se cruza pone a un individuo en peligro de abandonar la participación política, indispensable para la supervivencia de esta forma de gobierno) y para la aristocracia (la diferencia entre las riquezas de los aristócratas es fuente de envidia y competencia).

A pesar de que la inseguridad y la incertidumbre son parte de la naturaleza de los gobiernos despóticos, éstos se ven forzados a corregirse si quieren gozar de los beneficios del comercio. Volvamos al ejemplo del líder tribal, este déspota sanguinario podría asesinar al único comerciante que se atrevió a ofrecerle su vino e incautar la mercancía que llevaba. La transacción en esta ocasión será exitosa para el déspota, pero a largo plazo habrá cometido un terrible error, pues nadie más se atreverá a venderle algo por el resto de su vida. Esto no significa que el comercio sea absolutamente imposible en los estados despóticos. Siempre hay algún aventurero que acepta el enorme riesgo de trabajar en estos países, puede ganar mucho pero también puede perder la vida. Lo que Montesquieu trata de argumentar es que el comercio sólo puede florecer en todo su esplendor si se cumplen las condiciones de seguridad anteriormente desarrolladas (seguridad jurídica y seguridad pública).

El comercio tiene un efecto pacificador no sólo porque incentiva hasta a los déspotas más crueles a generar un estado de derecho (orden y paz *ad intra* de sus estados), sino porque genera *interdependencia*. Ése es, por ejemplo, uno de los casos de éxito de la política armamentística de los Estados Unidos hacia México. México produce casi todas sus armas y municiones para el armamento individual del soldado (se fabrican en territorio nacional los fusiles G-3 y FX y sus respectivas municiones), pero depende de estados Unidos para la compra de armamento sofisticado, como es el caso de

---

[24] *Ibid.*, lib. V, cap. XV, p. 79.

los misiles guiados emplazados en las embarcaciones de la Armada.[25] Eso significa que si México se propusiera invadir los Estados Unidos, sus buques podrían disparar una sola vez todos sus misiles y se quedarían sin munición por haber agredido al país que se los vendía.

El caso de los sistemas de misiles es interesante porque no se puede simplemente cambiar de proveedor. Elegir un modelo de misil implica una relación por décadas con una misma empresa para el mantenimiento, la adaptación del buque para ese sistema balístico en particular, el entrenamiento del personal que lo va a operar, etc. La legislación estadounidense somete las ventas de armas al extranjero a la autorización del Departamento de Estado y, en algunos casos, necesita también la aprobación del Congreso. No importa si es el gobierno directamente quien vende el armamento o una empresa con dirección fiscal en territorio estadounidense, todas las ventas requieren de la inspección de autoridades estadounidenses.

La interdependencia, sostiene Montesquieu, desincentiva la guerra en virtud del interés mutuo que tienen las naciones, por un lado, de satisfacer sus necesidades (en el caso de las naciones importadoras) y por otro, de volverse ricas (en el caso de las naciones exportadoras).

Benjamin Constant, asiduo seguidor de la doctrina comercial de Montesquieu, afirma que la guerra en el mundo antiguo era un lucrativo medio de adquisición de bienes y de tierras. Una buena guerra podía incrementar la riqueza de un soldado y de su descendencia gracias al saqueo de las ciudades enemigas. La guerra en el mundo moderno, por el contrario, sólo reporta pérdidas para ambos bandos. Quizás las empresas dedicadas a la venta de armas en los países A y B hicieron su agosto, pero las relaciones comerciales y la confianza mutua que pudo haber existido entre ambas naciones ha quedado fracturada para siempre. Las vidas perdidas, las tierras destruidas, los negocios arruinados, la barbarie desatada, reporta una pérdida económica inmensamente mayor a toda la riqueza acaudalada en el transcurso de la guerra por la venta de fusiles, bayonetas, granadas y vendas.[26]

---

[25] Cfr. "México busca comprar en EU misiles por 41 mdd para la Marina", en *Forbes*, 14 de agosto de 2018 [en línea], disponible en <https://www.forbes.com.mx/mexico-busca-comprar-en-eu-misiles-por-41-mdd-para-la-marina/>.

[26] Cfr. Constant, *op. cit.*

La interdependencia es pragmática. Puede que dos naciones se odien en virtud de su religión, su pasado, sus prejuicios; pero si la nación A es la que provee de todos sus vegetales a la nación B, entonces ésta tiene que pensarlo dos veces antes de ir a la guerra contra su socio A.

Al final del capítulo anterior, adelantábamos que la doctrina comercial de Montesquieu es no sólo un pilar de su teoría de la paz, sino también una oportunidad para señalar otra de las características que hacen a la república la forma más pacífica de gobierno, a saber, su vida institucional.

> Domestically, governments increasingly rely on revenue from commerce and therefore are compelled to protect it. The protection of labor, the maintenance of travel and transport, and the securing of free exchange and market competition, as well as enforcement of contracts, becomes an important obligation. The spirit of commerce, which favors fairness, law-abidingness and, thereby, increasing prosperity and stability, supports the rule of law and, importantly, a constitutionalism based on separation of powers.[27]

Hasta este punto ha quedado claro por qué el comercio fortalece el establecimiento del estado de derecho o del *rule of law*, pero la tesis de que también incita a la división de poderes puede parecer extraña. Es momento de explicar esta afirmación de Patapan.

La división de poderes

La doctrina de la división de poderes es quizás la más famosa de Montesquieu y, paradójicamente, no dedica más de unas pocas páginas en *Del espíritu de las leyes* para desarrollarla.

El pasaje de la división de poderes es bastante *sui generis*. Tal y como expliqué en el primer capítulo de este libro, Montesquieu suele acompañar

---

[27] Patapan, *op. cit.*, p. 318.

todas sus prescripciones arquitectónicas de ejemplos históricos y de política comparada para mostrar el éxito o fracaso de determinados cursos de acción en el momento de gobernar una república, una monarquía o un gobierno despótico. Sin embargo, la teoría de la división de poderes la desarrolla al alto vacío. No prescribe arquitectónicamente a ningún gobierno (al menos no directamente) la adopción de este sistema de pesos y contrapesos, ni menciona ejemplos de naciones que hayan separado los tres poderes. Se limita a enumerar instancias en donde al menos dos de ellos se encuentran concentrados en la misma persona o cuerpo político y advierte los excesos a los que esto puede conducir.

> La libertad política no se encuentra más que en los Estados moderados; ahora bien, no siempre aparece en ellos, sino sólo cuando no se abusa del poder. Pero es una experiencia eterna, que todo hombre que tiene poder siente la inclinación de abusar de él, yendo hasta donde encuentra límites... Para que no se pueda abusar del poder es preciso que, por disposición de las cosas, el poder frente al poder.[28]

> [...] Hay en cada Estado tres clases de poderes: el poder legislativo, el poder ejecutivo de los asuntos que dependen del derecho de gentes, y el poder ejecutivo de los que dependen del derecho civil.[29]

---

[28] Montesquieu, *op. cit.*, lib. XI, cap. IV, p. 174.

[29] Surge en este punto una duda legítima, ¿a qué poder corresponde ejercer el derecho penal? Montesquieu en ocasiones utiliza el término "derecho civil" para abarcar todas las normas de convivencia entre los ciudadanos, subsumiendo no sólo lo que tradicionalmente conocemos como el ámbito del derecho civil, sino también el del derecho penal. Para respaldar esta afirmación me remito a la primera definición de derecho civil que Montesquieu ofrece en *Del espíritu de las leyes*: "Considerados [los hombres] como habitantes de un planeta tan grande que tiene que abarcar pueblos diferentes, los hombres tienen leyes que rigen las relaciones de estos pueblos entre sí: es el *derecho de gentes*. Si se les considera como seres que viven en una sociedad que debe mantenerse, tienen leyes que rigen las relaciones de los gobernantes y los gobernados: es el *derecho político*. Igualmente tienen leyes que regulan las relaciones existentes entre todos los ciudadanos: es el *derecho civil*". *Ibid.*, lib. I, cap. III, p. 16.
Para Montesquieu hay tres grandes ámbitos del derecho: 1. El derecho internacional. 2. La reglamentación de cómo acceder al poder y cómo ejercerlo (es una concepción del fenómeno político completamente postmaquiavélica). 3. Las normas de convivencia, que abarcan el derecho penal (la persecución de los delitos) y el derecho civil (dirimir las controversias entre particulares). El propio Montesquieu en esta cita del libro XI reconoce que está subsumiendo ambas ramas del derecho bajo la etiqueta de "derecho civil".

Por el poder legislativo, el príncipe, o magistrado, promulga leyes para cierto tiempo o para siempre, y enmienda o deroga las existentes. Por el segundo poder, dispone de la guerra y de la paz, envía o recibe embajadores, establece la seguridad, previene las invasiones. Por el tercero, castiga los delitos o juzga las diferencias entre particulares. Llamaremos a éste poder judicial, y al otro, simplemente poder ejecutivo del Estado.[30]

Los tres poderes, las tres facultades de cualquier gobierno son la legislación, la política exterior y la procuración de justicia (tanto en el ámbito penal para castigar los delitos, como en el ámbito civil para dirimir las controversias entre particulares). Unos párrafos más adelante, Montesquieu añade al poder ejecutivo la facultad de "ejecutar las resoluciones públicas",[31] de manera que recae en el poder ejecutivo el *law enforcement* en un sentido amplio (que abarca no sólo la responsabilidad de la conducción de la política criminal, sino la ejecución de prácticamente cualquier decisión tomada por el gobierno).[32]

Cuando el poder ejecutivo y el legislativo recaen en la misma persona o en el mismo cuerpo político (*e.g.* si los senadores de la república fueran al mismo tiempo legisladores y gobernadores de una provincia o secretarios de Estado), advierte Montesquieu,[33] se corre el peligro de que este cuerpo redacte leyes tiránicas y las haga cumplir tiránicamente.[34] Si el presidente es al mismo tiempo el legislador, tiene todos los incentivos para legislar a

---

Esto no significa que Montesquieu ignore la distinción entre el ámbito del derecho penal y el civil. Prueba de ello es el capítulo dedicado a los juicios criminales (*criminal law*) del libro VI. De modo que podemos responder de forma contundente que Montesquieu adjudica al poder judicial la facultad de juzgar las causas civiles y penales.

[30] Montesquieu, *op. cit.*, lib. XI, cap. VI, p. 175.

[31] *Ibid.*, lib. XI, cap. VI, p. 176.

[32] Da la impresión de que el poder ejecutivo se define por vía negativa. Al ejecutivo le competen todas aquellas atribuciones que no caen ni en el ámbito de la labor de legislar ni el ámbito de la facultad de juzgar.

[33] Cfr. *Ibid.*, lib. XI, cap. VI.

[34] Éste es el caso, por ejemplo, de los regímenes parlamentarios. El primer ministro es electo, junto con su gobierno, de entre los miembros del parlamento. En cualquier momento, mediante una moción de censura o un voto de no confianza, el parlamento puede remover del ejecutivo a este parlamentario y poner a otro en el poder.

conveniencia y echar mano de sus facultades ejecutivas para hacer cumplir dichas leyes.

El poder judicial, advierte Montesquieu, debe estar completamente separado de los otros dos para evitar el abuso de autoridad. Si el legislador es al mismo tiempo juez (legislativo + judicial), puede alterar la ley para volver legaL su veredicto (*e.g.* un juez quiere condenar a 20 años de cárcel a un detenido, pero la pena máxima que fija la ley son 10; entonces puede cómodamente primero cambiar la ley, y luego emitir la sentencia que deseaba desde un inicio). Si el presidente tiene al mismo tiempo el control del ejército y está facultado para ejercer como juez (ejecutivo + judicial), con facilidad puede convertirse en opresor.[35]

En las monarquías europeas, afirma Montesquieu, los príncipes suelen reservar para sí mismos el poder ejecutivo y el legislativo, y delegan el judicial (el castigo de los delitos y la resolución de controversias) a sus subordinados. Gobiernos como el turco o las repúblicas italianas, al concentrar los tres poderes en una misma persona o en un mismo cuerpo, caen en los más indecibles excesos.

> Veamos cuál es la situación de un ciudadano en estas repúblicas: el mismo cuerpo de magistratura tiene, como ejecutor de las leyes, todo el poder que se ha otorgado como legislador; puede asolar el Estado por sus voluntades generales, y como tiene además el poder de juzgar, puede destruir a cada ciudadano por sus voluntades particulares.[36]

El legislador da leyes para todos (ésa es la voluntad general a la que hace referencia Montesquieu, la voluntad del legislador rige la totalidad de

---

[35]   Cfr. *Ibid.*, lib. XI, cap. VI. Nótese cómo la descripción del poder judicial que hace Montesquieu difiere del diseño del poder judicial mexicano. En México, el presidente de la república acapara una parte de la función del poder judicial. El presidente no sólo tiene control cuasi absoluto de la política exterior y del ejército, sino que también ha sido históricamente el encargado de la persecución del delito por medio de la policía y la Procuraduría General de la república (ahora Fiscalía). En México el poder judicial únicamente juzga los delitos, pero la persecución y presentación de los criminales corre a cargo del ejército, las policías y el ministerio público (los tres cuerpos responden directamente al poder ejecutivo).

[36]   *Ibid.*, lib. XI, cap. VI, p. 176.

la vida en común).[37] Esa legislación ordena al ejecutivo cumplir con ciertos encargos y le atribuye facultades para lograrlo (al estar concentrado el legislativo y el ejecutivo en el mismo cuerpo en Turquía e Italia, son los mismos legisladores los que se revisten a sí mismos de autoridad para cumplir la ley que ellos promulgaron). Si un legislador desea destruir la vida de un ciudadano, puede hacerlo a capricho (por su voluntad particular, dice Montesquieu en esta cita). En estos países, el legislador es al mismo tiempo legislador, magistrado (es decir, miembro del poder ejecutivo) y juez, de modo que puede acusar a alguien de incumplir la ley y declararlo culpable (al mismo tiempo es juez y parte acusadora). Es como si en México el ministerio público o fiscal fuera al mismo tiempo el juez. El ministerio público (MP), al menos en el caso mexicano, es un funcionario del poder ejecutivo. Si ejecutivo y judicial recaen en la misma persona, el MP formulará la imputación, se tomará un minuto para ponerse la toga y sentarse en el asiento del juez y, a menos que sufra de algún tipo de delirio, se dará la razón a sí mismo, y dictará así una sentencia completamente parcial y sesgada.

El déspota, advierte Montesquieu, concentra en su persona todas las magistraturas. Una de las típicas señales de que la monarquía empieza a tornarse en despotismo (explicábamos en el segundo capítulo), es que el príncipe recupera las facultades que había delegado en los nobles y monopoliza toda decisión de gobierno.

Los monarcas europeos se limitan a retener el poder ejecutivo y el legislativo, dice Montesquieu, para asegurar la imparcialidad de los juicios y para permitir a los reyes proyectar magnanimidad. El rey (como titular del ejecutivo) tiene como misión hacer cumplir las leyes de su patria, "las leyes son los ojos del príncipe; por ellas ve lo que no podría ver sin ellas".[38] Si el monarca fungiera también como juez, el detenido no tendría posibilidad de un juicio justo, el rey sería al mismo tiempo juez y parte acusadora.

---

[37] El legislador, recordemos, puede ser el príncipe (en las monarquías y gobiernos despóticos) o la asamblea de todos los ciudadanos (en las repúblicas).

[38] *Ibid.*, lib. VI, cap. V, p. 95. El poder del príncipe es igual de absoluto en la monarquía y en el despotismo. Pero la ley permite al príncipe direccionar ese poder. En los gobiernos despóticos, el príncipe no conoce otra cosa que sus deseos, no tiene ningún otro criterio de acción que el interés y el deseo.

Además, señala astutamente Montesquieu, si el rey fuera juez de los delitos, se privaría de la facultad más hermosa que tienen los monarcas, el indulto. El indulto es un acto de misericordia que contradice el designio del juez. Sería muy extraño que el monarca, en calidad de juez, sentenciara a un individuo a muerte y cinco minutos después, en calidad de príncipe, lo indultara.[39]

Montesquieu no señala ningún ejemplo concreto de algún país en que los tres poderes estén separados, aunque extrañamente titula el capítulo en el que habla sobre este tema como "Sobre la constitución de Inglaterra". Este título es bastante extraño, porque en un régimen parlamentario están juntos el legislativo y el ejecutivo. El primer ministro es un parlamentario, puede renunciar al cargo de primer ministro y seguir siendo miembro del parlamento. Mediante una moción de censura o un voto de no confianza, el parlamento puede remover al titular del ejecutivo sin ningún reparo. En ese sentido, Inglaterra no podría ser un ejemplo de división de poderes.

Montesquieu no afirma que la división de poderes sea propia de alguna forma de gobierno en particular. Sin embargo, a partir de su argumentación, podría decirse que dicha separación *sólo es posible en el gobierno republicano*.

En el gobierno despótico no hay duda, no hay división de poderes, todo el poder lo concentra el príncipe.[40] En la monarquía hay cierta división de poderes en la práctica, pero no en la constitución. El monarca, origen de todo poder político y civil, delega su autoridad a los nobles, pero siempre retiene una parte mayor de autoridad. No la comunica íntegramente, como en el caso del gobierno despótico: "In despotism power is either exercised or handed over".[41]

Es arquitectónicamente indispensable, advierte Montesquieu, que exista la nobleza (un escalón de mando intermedio, subordinado y dependiente del príncipe) para que la monarquía pueda ser un gobierno de leyes y no un gobierno conforme a capricho: "Si en el Estado no hubiera más que

---

[39]   Cfr. *Ibid.*, lib. VI, cap. V.

[40]   Sólo la religión y las costumbres son lo suficientemente poderosas como para imponer límites a los designios del príncipe.

[41]   Althusser, *op. cit.*, p. 68.

la voluntad momentánea y caprichosa de uno solo, nada podría tener fijeza y, por consiguiente, no habría ninguna ley fundamental... *sin monarca no hay nobleza, sin nobleza no hay monarca, sino déspota*".[42]

Cuando el monarca ha comisionado a una familia de nobles con el deber de organizar la defensa del país,[43] esta familia sólo puede organizar el ejército y las fortalezas de conformidad con lo estipulado en la legislación militar. Si el príncipe exige a su ejército conductas contrarias al honor o a la disciplina militar, es deber de los nobles recordarle las leyes si es que las ha olvidado. Ahí radica precisamente el problema.

En el segundo capítulo de este libro explicamos que en la arquitectura política de la monarquía existen dos cuerpos, por un lado la nobleza y por otro el "cuerpo depositario de las leyes", algo parecido a lo que hoy llamaríamos una suprema corte cuya función es recordar a los nobles las leyes cuando las olvidan (siendo los nobles naturalmente perezosos, descuidados y superficiales dada la educación que han recibido).[44] Pero ni los nobles ni el cuerpo depositario de las leyes, advierte Montesquieu, están facultados legalmente para contradecir al príncipe, incluso cuando el príncipe obra en contra de las leyes y la constitución de su Estado: "En una monarquía el que hace observar las leyes está por encima de ellas (...) Es evidente también que el monarca que, por mal consejo o por negligencia, descuida el cumplimiento de las leyes, puede fácilmente reparar el mal con sólo cambiar de consejo o corregirse de su negligencia".[45]

Los nobles y los miembros del cuerpo depositario de las leyes pueden aconsejar al príncipe que enmiende sus acciones, pero no pueden obligarlo. El príncipe, recordemos, es el origen de todo poder político y civil. Todo poder, toda autoridad, toda magistratura y majestad residen en él. La ley es su guía, pero el príncipe está por encima de la ley. Si hubiera alguna autoridad facultada constitucionalmente para contradecirlo, tal gobierno no sería

---

42   Montesquieu, *op. cit.*, lib. II, cap. IV, p. 27.

43   Montesquieu afirma que es una buena práctica el que ciertas familias de nobles se especialicen por generaciones en una función pública concreta.

44   Cfr. *Ibid.*, lib. II, cap. IV.

45   *Ibid.*, lib. III, cap. III, p. 31.

una monarquía. Si alguna ley facultara, por ejemplo, al cuerpo de nobles a contradecir los designios del príncipe, habría una contradicción constitucional. La monarquía se define como "el gobierno de uno conforme a leyes", ésa es su naturaleza, su configuración particular que le hace ser esa forma de gobierno y no otra. Si alguien pudiera contradecir al príncipe, sería ya al menos el gobierno de dos.

Un argumento similar desarrolla Montesquieu al describir al despotismo, el gobierno de uno conforme a su capricho:

> En los Estados despóticos, la naturaleza del Gobierno requiere una obediencia sin límites, de tal modo que, una vez conocida la voluntad del príncipe, ésta debe tener un efecto, tan infalible como una bola lanzada contra otra tiene el suyo. Y no cabe moderación, modificación o acomodo alguno, ni valen limitaciones, equivalentes, negociaciones o amonestaciones, ni es posible proponer nada igual o mejor. El hombre [en este gobierno] es una criatura que obedece a otra que manda.

> [...] En Persia, cuando el rey condena a alguien, nadie puede hablarle del asunto ni pedir clemencia. La orden se ejecutaría aunque estuviera ebrio, o fuera de sí. De otro modo habría contradicción, y la ley no puede contradecirse.[46]

Puede que en la práctica el monarca o el déspota tenga un grupo de consejeros de confianza y atienda a sus amonestaciones, o que tenga algún grupo de rivales que entorpezca sus decisiones. Eso en el ámbito de la praxis. Pero desde una perspectiva constitucional, es decir, desde una perspectiva arquitectónica, ni los rivales ni los consejeros pueden tener autoridad legal para desobedecer al príncipe, porque ello implicaría que el gobierno de uno no es en realidad el gobierno de uno, sino de varios (habría una contradicción constitucional). Montesquieu, en un sensato uso del principio del tercero excluido,

---

[46] *Ibid.*, lib. III, cap. X, p. 39.

advierte que la ley no puede sostener p y $-p$ al mismo tiempo, mucho menos cuando se está legislando la configuración misma del Estado.[47]

De todo lo anterior se sigue que aunque en la práctica el monarca distribuye su autoridad entre los nobles, la ley le permite en cualquier momento recuperar todo ese poder y concentrarlo en su persona (conducta que resultaría, como advierte Montesquieu, en la corrupción del gobierno monárquico y su transformación en un gobierno despótico).

Louis Althusser presenta una objeción, sostiene que sí existe cierta división de poderes en la monarquía. Afirma que la monarquía sí tiene un candado para evitar que el príncipe reabsorba todo el poder, el honor de los nobles.[48] Ningún noble obedecería una orden contraria al honor.[49] El honor es caprichoso, tiene sus propios códigos: "Las cosas que el honor prohíbe están prohibidas con más rigor cuando las leyes no las proscriben, y las que exige, se exigen con más fuerza cuando las leyes no las requieren".[50]

Los nobles son francos y obedientes con el príncipe no porque sean hombres virtuosos, sino porque desean obtener un reconocimiento y un estatus que puedan ostentar en vida y heredar a sus sucesores. El honor, dice Louis Althusser, es el atajo de la virtud. El honor hace a un hombre parecer virtuoso (obediente, leal, inclinado a decir la verdad), pero por una motivación egoísta.

El príncipe puede tener una certeza sobre las motivaciones de los nobles: "He can never hope that these great ones will ever enter into his plans for other reasons than their own, for motives foreign to this strange honour".[51] El honor, a diferencia de la virtud en la república, no es una pasión que inflama los corazones de todos los ciudadanos, sino que es la pasión propia de una clase social en particular cuyo propósito es mantener su estatus.

---

[47] Recordemos, en Montesquieu la forma de gobierno es la forma del Estado. La forma de gobierno no sólo es la distribución del poder, sino la forma en que se ejerce y la configuración misma de la cotidianidad.

[48] Cfr. Althusser, *op. cit.*, pp. 65-74 y 80.

[49] Cfr. Montesquieu, *op. cit.*, lib. IV, cap. II.

[50] *Ibid.*, lib. IV, cap. II, p. 44.

[51] Althusser, *op. cit.*, p. 73.

Si el príncipe ordenara a los nobles acciones contrarias al honor, o si deseara relegarlos y gobernar todo por decreto, los nobles se revelarían. No hay que olvidar que Oliver Cromwell y la Revolución Gloriosa son acontecimientos cercanos en el tiempo a la redacción de *Del espíritu de las leyes*.

De acuerdo con Louis Althusser, aunque la naturaleza del gobierno monárquico no imponga límites al príncipe, sí que su principio, el honor, los impone. "Such is monarchy. A prince protected from his own excesses by priviliged orders. Orders protected from the prince by their honour. A prince protected from the people and a people protected from the prince by these same orders".[52]

Esta objeción, que considera integralmente la constitución del gobierno monárquico (naturaleza + principio), nos lleva a concluir que la monarquía admite una división imperfecta de poderes. El príncipe es el origen de todo poder político y civil, y si retirara su autoridad a los nobles, éstos derrocarían al príncipe. Es un candado eficiente (para efectos de derrotar al príncipe que se ha convertido en déspota), pero que culmina en la disolución de la monarquía, una solución imperfecta.

Si la división de poderes es contraria a la constitución del gobierno despótico y sólo puede implementarse de forma imperfecta en la monarquía, por eliminación sólo queda un candidato. Exploremos la posibilidad de que la división de poderes sea compatible con la constitución republicana.

A pesar de que Montesquieu nunca afirma que la división de poderes es una propiedad exclusiva de la república, es probablemente la única forma de gobierno que podría aceptar constitucionalmente esta distribución del poder. Al ser el gobierno de muchos conforme a leyes, no hay ningún inconveniente en que un grupo de funcionarios pueda amonestar y entorpecer las acciones de otros.

Recordemos la afirmación de Patapan: "The spirit of commerce, which favors fairness, law-abidingness and, thereby, increasing prosperity and stability, supports the rule of law and, importantly, a constitutionalism based on

---

[52] *Ibid.*, p. 74.

separation of powers". [53] ¿Por qué el comercio florecería en un contexto de división de poderes? Porque el abuso de poder puede contrarrestarse con facilidad si los intereses y atribuciones de un poder son capaces de inspeccionar y mantener a raya los intereses y atribuciones de los otros dos.

Montesquieu, recordemos, advierte que detrás del sostenimiento de toda forma de gobierno hay un entramado de incentivos. La democracia se sostiene por amor, la aristocracia por conveniencia, la monarquía por honor y el despotismo por temor. El *law enforcement* no ocurre por arte de magia. Cada forma de gobierno tiene sus incentivos y disuasores para que la ley se haga cumplir. Para una república sería inmensamente benéfico adoptar la división de poderes porque entonces las leyes ya no sólo se harían cumplir por amor (en el caso de la democracia) o por conveniencia (para preservar la aristocracia), sino por la interacción, competencia y constante inspección entre los tres poderes.

El abuso de poder de entrada no es característico de la república por ser un gobierno donde las decisiones se toman conforme a la ley y no conforme al capricho de un individuo. Pero incluso si una democracia o una aristocracia adolecieran de algunos casos de abuso de autoridad, éstos podrían verse todavía más disminuidos si los tres poderes fueran dotados de la capacidad de contrarrestarse entre sí. Si el funcionario de la delegación (miembro del poder ejecutivo) ha clausurado injustamente un negocio, el ciudadano puede acudir al poder judicial y tramitar un amparo. Si el legislativo ha promulgado una ley que no conviene a los intereses de la nación, el ejecutivo puede vetarla, etcétera.

El comercio florece en países con división de poderes, afirma Patapan, porque genera certeza jurídica para los comerciantes. El comerciante tiene certeza de que si un contrato no se cumple, si un delito se comete en su contra o si se les confisca alguna mercancía injustamente, la danza entre los tres poderes genera un espacio propicio para que un poder reclame las omisiones de otro.

---

[53]   Patapan, *op. cit.*, p. 318.

De aquí se sigue una conclusión interesante. El efecto pacificador del comercio a largo plazo produce cambios en la forma de gobierno de aquellos estados que desean beneficiarse de él. No sólo tiene el potencial de transformar los gobiernos despóticos en gobiernos conforme a leyes, sino que muy en particular genera incentivos para que se conviertan específicamente en repúblicas.

No es indispensable que este proceso ocurra. Bien puede ocurrir que en un país el comercio se limite a suavizar las costumbres bárbaras y a generar cierta seguridad jurídica y seguridad pública para los comerciantes (y no para el resto de los habitantes de ese Estado). Pero a largo plazo, si una nación prueba las bondades de la institucionalización, el imperio de la ley y la predictibilidad (la *securitas*); puede que no dé marcha atrás y ese Estado transforme su vida política por completo.

La división de poderes contribuye a que la república sea la forma más pacífica de gobierno porque, si a este sistema de pesos y contrapesos se suma la inspección constante de los ciudadanos de la conducción del gobierno (que sólo es posible en la república por estar constreñida al territorio de una ciudad), queda muy poco margen para que un grupo de ciudadanos rebeldes arrastren a la república a una guerra expansionista.

Los ciudadanos comprometidos con la preservación de la república nunca buscarían de *motu proprio* sobrexpandir la república porque ello implicaría: 1. La pérdida de la igualdad, un amplio territorio permite la adquisición de riquezas desmesuradas. 2. La corrupción de la república, pues las provincias más lejanas se regirían por un gobierno despótico, conforme a las necesidades de esos territorios y a la discreción de los gobernadores. 3. La pérdida de la posibilidad de inspeccionar las labores de gobierno (en un territorio lejano, los gobernantes ya no se sienten observados por los ciudadanos).

Si un grupo de individuos conspirara para provocar una guerra de expansión (quizás porque algunos de ellos son vendedores de armas o les convendría generar una crisis política para ganar una elección), los ciudadanos (siempre atentos de los asuntos públicos) podrían descubrir esta confabulación y desmantelarla. Y si en un arrebato de locura todos los ciudadanos desearan ir a la guerra por el deseo de gloria y riqueza, cada uno de los tres poderes tendría facultades y mecanismos para refrenar este ímpetu.[54]

Hay todavía otros dos elementos que contribuyen a que la república sea la forma más pacífica de gobierno *ad intra* y *ad extra*, uno es el respeto a la autoridad y otro es la figura de los censores.

Tres vicios pueden corromper a la república, advierte Montesquieu. Uno es la pérdida de la igualdad, que ya hemos descrito ampliamente. El segundo es el espíritu de excesiva igualdad, que surge "cuando cada uno quiere ser igual que aquellos a quienes escogió para gobernar".[55]

> A partir del momento en que esto ocurre, el pueblo ya no podrá soportar el poder que él mismo confía a otros, y querrá hacer todo por sí mismo, deliberar y ejecutar en lugar del senado y de los magistrados, y despojar de sus funciones a todos los jueces.

> En estas condiciones, la virtud en la república deja de existir. El pueblo, al querer ejercer las funciones de los magistrados, deja de respetarlos. Las deliberaciones del Senado carecen de peso y, por consiguiente, no se tienen consideraciones para con los senadores ni para con los ancianos. Y si no se respeta a los ancianos, tampoco se respetará a los padres, no se tendrá deferencia para con los maridos, ni sumisión para con los amos.[56] A todos les gustará esta licencia: el peso del mando fatigará, como el de la obediencia. Las mujeres, los niños, los esclavos no tendrán sumisión ante nadie. Y las buenas costumbres, *el amor al orden*[57] y la virtud, desaparecerán.[58]

---

[54] Por ejemplo, en repúblicas como México y los Estados Unidos, aunque el presidente es el comandante de las fuerzas armadas, necesita la aprobación del congreso para declarar el estado de guerra.

[55] Montesquieu, *op. cit.*, lib. VIII, cap. II, p. 128.

[56] Algo muy similar dice Platón en *República*.

[57] Otro sinónimo del amor a las leyes. Las cursivas son mías.

[58] *Idem.*

El desorden, dice Montesquieu, surge cuando los ciudadanos desobedecen a sus gobernantes, cuando encuentran intolerable acatar las decisiones de sus jueces, legisladores y magistrados.

El verdadero espíritu de igualdad está tan alejado del espíritu de igualdad extrema, como el cielo lo está de la tierra. El primero no consiste en arreglar las cosas de tal modo que todos manden, o que nadie sea mandado, sino en obedecer y mandar a sus iguales. No se trata de no tener un dueño, sino de tener por dueños sólo a los iguales.

En estado natural, los hombres nacen iguales, pero no podrían conservar esta igualdad. La sociedad se la hace perder, y ya no volverán a ser iguales si no es en virtud de las leyes.

La diferencia entre la democracia sometida a normas y la que no lo está, es que en la primera, todos son iguales en cuanto ciudadanos, y en la otra lo son también en cuanto magistrados, senadores, jueces, padres, maridos o amos.[59]

En México hay una fórmula interesante para recordar a los funcionarios públicos su calidad de ciudadanos. Cuando en un evento oficial se presenta a un militar o a un juez, antes de su nombre y cargo, se agrega la abreviatura "c.": "El ciudadano general de Brigada, diplomado de Estado Mayor, Juan Pérez González", "el ciudadano juez Jaime García". El general Pérez y el juez García tienen los mismos derechos políticos que sus conciudadanos. Pueden votar y ser votados, no se les puede detener arbitrariamente, etc. Sin embargo, no todos los ciudadanos tienen la autoridad de comandar tropas o de emitir sentencias. La república se corrompe cuando los ciudadanos quieren ser no sólo iguales en términos políticos a sus funcionarios públicos, sino también tener la misma autoridad que ellos. La república se torna por completo disfuncional cuando los ciudadanos, por considerar la

---

[59] *Ibid.*, lib. VIII, cap. III, pp. 130-131.

obediencia un pesar, quieren ser también comandantes del ejército, administradores del tesoro, policías, jueces, legisladores y regidores.[60]

El *law enforcement* en su sentido amplio (que abarca no sólo labores policiales, sino el cumplimiento de todas las normas y contratos) es imposible si no se respeta la autoridad de los funcionarios públicos en el ámbito de sus atribuciones. Si al legislador no se le permite legislar, si al funcionario de la delegación no se le permite clausurar una construcción que incumple con la normatividad vigente, si al supervisor de aduanas no se le permite inspeccionar los cargamentos que ingresan a territorio nacional, la ley es letra muerta.

La razón de ser del senado y de las magistraturas, recordemos, es garantizar el apropiado funcionamiento del Estado. El pueblo en asamblea delega la decisión y operación de muchos ámbitos de la vida pública en los que sería inconveniente o ineficiente esperar la larga deliberación de todos los ciudadanos. Si los ciudadanos entorpecen las labores de los funcionarios que ellos mismos eligieron, tornarán a la república en un Estado profundamente disfuncional. Es más eficiente delegar el mando militar en una sola persona para que pueda tomar resoluciones de inmediato, pues el campo de batalla evoluciona constantemente. Si la asamblea desea tomar ella sola todas las decisiones estratégicas y tácticas, el enemigo habrá avanzado antes de que los ciudadanos terminen de deliberar.[61]

El desacato a los funcionarios no es un inconveniente menor, sino la genuina corrupción de esta forma de gobierno. La naturaleza de la república, recordemos, es ser un gobierno conforme a leyes. Si los ciudadanos dejan de observar la ley (porque impiden trabajar a sus ejecutores), la república se convierte en un despotismo con muchos déspotas, un Estado en el que cada quien se rige conforme a su capricho. Una república sin leyes que se cumplan sería, igual que los gobiernos despóticos, un Estado inseguro, es decir,

---

[60] Hablando del caso mexicano, un buen ejemplo de pérdida de respeto por la autoridad es el de los "lords" y "ladys", individuos videograbados denostando a las autoridades públicas (funcionarios municipales, oficiales de tránsito, etcétera).

[61] Cfr. *Ibid.*, lib. XI, cap. VI.

una comunidad sin instituciones (sin organizaciones que arrojan resultados predecibles), sin certezas.

Un republicano comprometido, educado desde la infancia con el único propósito de preservar la forma de gobierno en la que nació (pues la forma de gobierno es el alma del Estado), es consciente de la importancia del respeto y obediencia a los funcionarios que ha nombrado la asamblea de todos los ciudadanos.

Esta afirmación parece peligrosa, ¿cómo distinguir entonces la educación republicana de la educación en la sumisión de los gobiernos despóticos? ¿No llevaría esta obediencia ciega a un despotismo insoportable? No, porque existen tres mecanismos republicanos para evitar el abuso de poder. El primero es pedagógico, los ciudadanos son educados desde pequeños para amar la ley y comprender los beneficios de ser gobernados por sus pares conforme a leyes *vs.* ser gobernados conforme a capricho. Esta educación inspira no sólo a los ciudadanos de a pie, sino también a los funcionarios a obrar siempre conforme a la ley.

El segundo mecanismo es la constante inspección de los ciudadanos. Al estar la república confinada al territorio de una sola ciudad, los funcionarios públicos se sienten observados y es mucho más complicado ocultar una arbitrariedad. Este mecanismo de control es bastante elemental pero poderoso. Muchos delitos pueden disuadirse simplemente si el infractor se siente observado.[62] Es más arriesgado cometer un hurto a la vista del dueño de una mochila o frente a una cámara que cuando no hay ningún tipo de vigilancia (hay menos posibilidades de ser atrapado). Ahí radica la importancia de la transparencia y la rendición de cuentas en las repúblicas, pues el ser humano se comporta de forma distinta cuando se siente observado o cuando sabe que hay registro de sus movimientos.

El tercer mecanismo para prevenir el abuso de poder es la división de poderes. Si un funcionario de alguno de los tres poderes ha cometido una infracción, los otros dos pueden usar sus atribuciones para reclamarle. De tal forma que el ciudadano de la república puede obedecer con tranquilidad a

---

[62] Cfr. Alejandro Hope y Jaime López, *op. cit.*, pp. 25-26.

sus funcionarios a sabiendas de que: 1. Tiene participación directa en el momento de nombrar a los funcionarios y cuando se examina su desempeño. No es un tercero (*e.g.* un príncipe o un ejército conquistador) el que impone a los funcionarios, sino que los ciudadanos se dan a sí mismos sus gobernantes. 2. Tiene recursos para defenderse en caso de algún abuso de autoridad.

El tercer vicio que corrompe a la república (para el cual los censores son el antídoto) es la adulación del pueblo. Si los gobernantes sólo exaltan al pueblo, lo llenan de palabras dulces, le dicen sólo aquello que quiere oír pero no lo amonestan cuando pierde el camino, el pueblo se tornará perezoso e indulgente con sus errores.

No es fortuito que la virtud sea el principio de la república. La virtud es ardua, se adquiere mediante la práctica y la negación de la satisfacción de nuestras inclinaciones naturales. Nadie nace virtuoso, uno se hace virtuoso. Fácil es adquirir un vicio y es arduo el camino de la virtud. El hábito de comer cosas saludables, por poner un ejemplo, no se adquiere siendo indulgente con los pequeños placeres culinarios. Ninguna dieta para bajar de peso puede realizarse permitiéndose a cada rato licencias para comer contenidos altos en grasas o carbohidratos. Bajar de peso requiere una disciplina estoica y la fortaleza de un monje shaolín porque hasta la más mínima desviación de la dieta puede alterar el metabolismo.

De forma análoga, si el pueblo se permite pequeñas autoindulgencias en el cumplimiento de la ley o en la preservación de la igualdad, poco a poco perderá la virtud en la que fue educado y en su corazón buscará ya no el bien arduo, sino el bien concupiscible.

Los funcionarios de los poderes ejecutivo, legislativo y judicial tienen todos los incentivos para adular al pueblo. El pueblo los nombra y examina su gestión. No sería extraño que los funcionarios, igual que los niños, prefieran mentir a sus superiores para evitar una reprimenda. Por todo lo anterior, la república debe tener una magistratura investida con gran autoridad, comisionada con la labor de contener los posibles excesos del pueblo y de sus funcionarios. Se trata de una figura política concebida por los romanos, los *censores*.

Así como la monarquía debe tener un cuerpo depositario de las leyes (una especie de suprema corte que recuerda a los nobles la ley cuando la han olvidado), la función de los censores en la república es vetar todas aquellas decisiones tomadas por la asamblea de todos los ciudadanos, por el senado, por los tribunales o por los magistrados, que contengan el más mínimo germen de corrupción para la república (es decir, están autorizados a vetar todas aquellas resoluciones que produzcan la pérdida de la igualdad, del amor a las leyes, del cumplimiento de la ley o de la división de poderes).[63]

> No sólo destruyen la virtud los delitos, sino también las negligencias, las faltas, cierta tibieza en el amor a la patria, los ejemplos peligrosos, los gérmenes de corrupción; todo ello no va contra las leyes, pero las elude; no las destruye, pero las debilita; esto es lo que deben corregir los censores.[64]

Montesquieu enlista algunas de las características que tenía esta magistratura en la antigua Roma y las funciones que debe cumplir en cualquier república. En Roma había dos censores en todo momento, tenían poder de veto y absoluta discrecionalidad para prevenir la corrupción de la república (su transformación en otra forma de gobierno). Montesquieu equipara esta figura con la de los inquisidores de Venecia, pues a diferencia del resto de cargos públicos, el censor no puede ser llamado a cuentas por las acciones emprendidas durante su gestión.[65]

Llama mucho la atención que esta magistratura sea ejercida sólo por dos personas. En muchas de las repúblicas contemporáneas el máximo control de constitucionalidad, la máxima labor jurisdiccional, es ejercida por una suprema corte, un cuerpo colegiado.

En la república aristocrática, afirma Montesquieu, los censores tienen la función de atemorizar a los nobles, pues al concentrar ellos toda la toma

---

63 Cfr. Montesquieu, *op. cit.*, lib. II, cap. III; lib. V, caps. VII-VIII y XIX.

64 *Ibid.*, lib. V, cap. XIX, p. 85.

65 Cfr. *Ibid.*, lib. II, cap. III; lib. V, caps. VII-VIII y XIX.

de decisiones, es indispensable hacer "sentir a los nobles los peligros y las fatigas del mando, más que sus delicias"[66] para prevenir el abuso de poder.

> Deben además mortificar en todo momento el orgullo del dominio. Tiene que haber, temporalmente o para siempre, un magistrado que haga temblar a los nobles, como los éforos en Lacedemonia y los inquisidores de Estado en Venecia, magistraturas que no están sometidas a ninguna formalidad. Este gobierno necesita resortes muy violentos. En Venecia una boca de piedra está abierta para todo delator...[67]

El censor no sólo tiene poder de veto, sino que tiene la función de reprender públicamente al pueblo si ha incurrido en excesos. Cuando los gobernantes se limitan a exaltar al pueblo, a celebrar sus logros (*e.g.* una gran victoria militar), a adularlo, pero no lo reprenden de sus errores o evitan tocar públicamente los temas incómodos, la virtud empieza poco a poco a perderse. El camino de la virtud no es placentero, sino arduo. A base de adulaciones, el pueblo creerá que su curso de acción es el adecuado y dejará de perseguir el bien arduo para perseguir otro tipo de satisfacciones (el dinero, el placer, la comodidad, el lujo, etc.). Esta pérdida de disciplina, advierte Montesquieu, degenerará en avaricia. Los ciudadanos desearán repartirse el tesoro público como botín, venderán su voto a cambio de dinero, cambiarán la constitución de su Estado a cambio de unas cuantas monedas e instantes libidinosos.[68]

Esto no significa que Montesquieu sea enemigo del dinero, la riqueza, el lujo o los placeres de la carne. En este análisis arquitectónico, Montesquieu advierte el peligro para la república de dejar de practicar la virtud. La república para Montesquieu, recordemos, es parecida a un monasterio. Los monjes aprenden a amar su estilo de vida frugal al practicarlo todos los días. Si los monjes dejan la disciplina de su orden por una semana, un mes,

---

[66]   *Ibid.*, lib. VIII, cap. V, p. 132.

[67]   *Ibid.*, lib. V, cap. VIII, p. 66.

[68]   Cfr. *Ibid.*, lib. VIII, caps. II y IV.

un año… es altamente probable que no quieran retornar a ese estilo de vida y busquen otro tipo de bienes.

Los excesos y los deleites carnales no generan ninguna contradicción arquitectónica, por ejemplo, para el despotismo. Pero la adulación de los ciudadanos representa un peligro arquitectónico para la república no sólo porque distrae su atención de los asuntos urgentes (*e.g.* puede que el titular del ejecutivo evite hablar de la inminente crisis económica para no alarmar a sus conciudadanos), sino porque estropea la vivencia de la virtud, de la mortificación diaria que implica llevar el mismo estilo de vida que los demás.

La función de los censores es intervenir tan pronto esta adulación comience, de tal forma que esta magistratura reporta dos beneficios a la república. Por un lado, su poder de veto le permitiría, entre otras cosas, impedir el inicio de una guerra de expansión y perseguir de forma implacable (prácticamente sin ninguna formalidad legal de por medio) a los conspiradores que quisieron provocarla. El censor es, por así decirlo, un último recurso de emergencia en caso de que ni siquiera la división de poderes fuera capaz de detener dicha confabulación.[69] Por otro lado, el trabajo de los censores permite que la virtud, que es el principio de ambas formas de la república, se preserve.

En esa misma línea, Montesquieu advierte que el potencial pacificador del comercio es limitado. El comercio puede suavizar las costumbres bárbaras e incitar a los gobiernos despóticos a transformarse en gobiernos conforme a leyes, pero es un arma de doble filo para las repúblicas.

Existen dos tipos de comercio según Montesquieu. El *comercio de lujo*, que se emprende para adquirir gloria, y el *comercio de economía*, que produce ganancias modestas para los comerciantes. Las monarquías y los gobiernos despóticos, afirma Montesquieu, tienden a favorecer el comercio de bienes

---

[69] Es interesante cómo incluso las repúblicas más consolidadas del mundo contienen en su arquitectura constitucional ciertos resquicios de arbitrariedad para la supervivencia de la comunidad política. Montesquieu propone, por ejemplo, una figura parecida a la que hoy llamaríamos "estado de excepción" (libro XI, cap. VI), una autorización provisional del legislativo al poder ejecutivo para realizar detenciones sin las formalidades de ley en caso de peligro para el Estado. En los Estados Unidos, por citar un ejemplo contemporáneo, a pesar de que los ciudadanos están protegidos por todos los derechos y garantías que su constitución les otorga, la sola sospecha de participación en actividades terroristas bastaba en los primeros años de la guerra contra el terror para autorizar toda la discrecionalidad y la crueldad, considerada en el Acta Patriota.

de lujo. El déspota no se rige por criterios de eficiencia sino de placer, hará lo que sea para obtener más bienes para su deleite, aunque ello arruine la economía de su país. No importa si cuesta una fortuna traer nuevas parejas sexuales todos los meses desde el lejano Congo o si al príncipe sólo le agrada el estofado que preparan los habitantes de la cordillera de los Andes, estos placeres deben llegar a su palacio o se desatará su cólera. Los nobles en la monarquía, por otro lado, desean emprender negocios espléndidos y arriesgados para adquirir reconocimiento (un noble que viaja al lejano oriente para conseguir telas exóticas no lo hace tanto por la ganancia como por la admiración de la corte por su osadía).[70]

El comercio de economía es distinto, afirma Montesquieu, porque produce en los comerciantes un espíritu ordenado y diligente. Las personas dedicadas al comercio de economía no esperan volverse ricas con un solo negocio, sino que un trato pequeño con una ganancia pequeña lleva a otro ligeramente más grande, e incrementar progresivamente la ganancia a lo largo de toda una vida.[71]

Un individuo con una riqueza desmedida, afirma Montesquieu, se vuelve perezoso y egoísta. Ésa es la razón por la cual las riquezas excesivas son un peligro arquitectónico para las repúblicas. No importa cuántos negocios fallidos tenga el multimillonario o en cuánto derroche incurra, no hay forma de que se termine su dinero en esta vida. El comerciante con una riqueza modesta, por el contrario, es frugal, modesto, prudente y trabajador. Tiene dinero, lo suficiente como para no angustiarse por el pan de cada día, pero no lo suficiente como para derrochar. Tiene algo de riqueza, pero sabe que puede acrecentarla con dedicación y esfuerzo.[72]

Este espíritu comercial diligente, advierte Montesquieu, puede verse destruido, paradójicamente, si alcanza su cometido, la adquisición de una riqueza inmensa. El comerciante que haya alcanzado esta meta ya no tendrá incentivos para seguir trabajando o para ser prudente en su gasto. Por esa

---

[70] Cfr. *Ibid.*, lib. XX.

[71] Cfr. *Idem.*

[72] Cfr. *Ibid.*, lib. V, cap. VI y lib. XX.

razón, dice Montesquieu, está en el mejor interés de las repúblicas el tasar todos los medios de adquisición (incluidas las transacciones comerciales).[73]

El principio de la república es la virtud. La existencia de comerciantes trabajadores en la república refuerza la vivencia de la frugalidad y el esfuerzo. Para favorecer el espíritu comercial, las repúblicas deben facilitar las transacciones comerciales (generando, de entrada, un ambiente de seguridad pública y seguridad jurídica), pero deben tasarlas.[74] ¿No es esto una contradicción? ¿Acaso no florece más el comercio donde se cobran menos impuestos?

Aunque a ningún comerciante le agraden los impuestos, en opinión de Montesquieu, las repúblicas son el lugar propicio para el comercio. Los despotismos son hostiles para cualquier actividad comercial, son gobiernos de incertidumbre. En los estados monárquicos existe el comercio de economía (de hecho, precisamente es el impuesto al comercio el que provee de sus medios de subsistencia a la nobleza), pero los nobles están más inclinados a aventurarse en el comercio de lujo para emprender proyectos espléndidos, pero que reportan pocos beneficios (*e.g.* la construcción del Palacio de Versalles costó una fortuna que muchos considerarían ociosa, en nada beneficiaban los jardines o el kilométrico sistema de riego al Estado francés en su conjunto).[75]

Las repúblicas son gobiernos conforme a leyes de *motu proprio*, pues son los ciudadanos quienes dictan y hacen cumplir las leyes. En las monarquías, la ley se hace cumplir meramente para quedar bien con el príncipe. En los despotismos, el respeto a los contratos y la protección de los bienes y las mercancías es frágil. En principio, uno podría razonablemente suponer que es más exitoso el *law enforcement* de un pueblo que ama sus leyes al de uno que las cumple por pura coerción externa.

Las repúblicas son preferidas por los comerciantes, en primer lugar, porque son pueblos plenamente conscientes de la importancia de cumplir la ley que se dieron a sí mismos. En segundo lugar, porque gracias a la inspección

---

73   Cfr. *Idem.*

74   Cfr. *Idem.*

75   Cfr. *Idem.*

constante de la conducta de los funcionarios públicos (posible en virtud de la reducida dimensión territorial de la república) y la división de poderes (la república es, recordemos, la única forma de gobierno que constitucionalmente admite la plena división de poderes), pueden prevenirse y castigarse los abusos de poder.

Las repúblicas son gobiernos institucionales, gobiernos con predictibilidad, con *securitas*. En las repúblicas, afirma Montesquieu, los ciudadanos pueden arriesgar mucho en un negocio porque saben que lo que ya han adquirido es genuinamente suyo. Los bienes que se tienen en propiedad no están en peligro ni de ser robados ni de ser expropiados arbitrariamente. "En cuanto al Estado despótico, es inútil hablar de él. La regla general es la siguiente: en una nación sometida a servidumbre se trabaja más para conservar que para adquirir, en una nación libre se trabaja más para adquirir que para conservar".[76]

Ahora bien, ¿por qué es indispensable tasar el comercio en las repúblicas? Los impuestos al comercio reducen el margen de ganancia del comerciante. La meta arquitectónica de esta política fiscal, afirma Montesquieu, es poner "a los ricos en situación mediana, de modo que necesiten de su trabajo para conservar lo que tienen o para seguir adquiriendo".[77] Sin el impuesto, quizás el rico podía obtener 10 mil dracmas después de un buen negocio. Con el impuesto, probablemente le tome tres o cuatro transacciones antes de alcanzar esa cantidad.

El impuesto republicano al comercio reporta tres beneficios:

1. Impide que los ricos adquieran riquezas desmedidas y preserva así la igualdad indispensable para la supervivencia de la república.
2. Incentiva a los ricos a ser frugales y diligentes, de conformidad con el principio de la república.
3. El dinero recaudado se destina a incrementar el tesoro público y el nivel de vida común a todos los ciudadanos, pero también se

---

[76] *Ibid.*, lib. XX, cap. IV, p. 367.

[77] *Ibid.*, lib. V, cap. VI, p. 59.

utiliza muy en particular para sacar a los más pobres de su miseria (de tal forma que estén en condiciones de trabajar y pueda preservarse así la igualdad republicana).[78]

Como puede apreciarse, el comercio contribuye a generar un contexto internacional más pacífico, seguro y ordenado (al suavizar las costumbres de los pueblos bárbaros y mostrarles las bondades de la *securitas*), pero al mismo tiempo representa un peligro para la forma más pacífica de gobierno si se le deja sin inspeccionar.

El comercio suaviza las costumbres tanto de pueblos bárbaros como de pueblos disciplinados (al introducirlos a los bienes y goces que sólo la riqueza puede ofrecer). La única forma de preservar todos los beneficios del espíritu comercial (disciplina, frugalidad, prudencia) sin que corrompa a las repúblicas, en opinión de Montesquieu, son los impuestos.

Los pueblos dedicados al comercio de economía, afirma Montesquieu, pueden darse el lujo de no cobrar aranceles para incentivar a los buques mercantes a arribar a sus costas. Siendo pueblos naturalmente industriosos, subsanarán esa pérdida con el éxito de sus negocios. En cambio, en los países dedicados al comercio de lujo, Montesquieu recomienda cobrar aranceles, pues los impuestos pagados son lo único bueno que puede salir de importar bienes de lujo y son, quizás, su único freno.[79]

El lujo aletarga el alma, no la invita a esforzarse, sino a relajarse. Los nobles en la monarquía son propensos al comercio de lujo porque han sido educados en la superficialidad y la sofisticación (y no debemos olvidar que esa pedagogía es precisamente la que los lleva en última instancia a provocar guerras para adquirir honor). El déspota adquiere bienes de lujo para satisfacer sus deseos concupiscibles. Una riqueza desmedida permitiría a los ciudadanos en la república entregarse al lujo, a una vida mucho más cómoda y distinguida que la que exige la frugalidad republicana.[80] Si el lujo pue-

---

[78] Cfr. *Idem*.

[79] Cfr. *Ibid.*, lib. XX, cap. X.

[80] Esta idea será retomada por Rousseau décadas más tarde.

de producir tantos males, afirma Montesquieu, al menos en las naciones dedicadas a su comercio debe cobrarse un impuesto para que algún bien deje en su camino.

Para concluir este capítulo, hablaré sobre la postura de Montesquieu respecto de la libre competencia y sobre el trasfondo antropológico que subyace a toda la doctrina comercial de este autor.

El comercio tiende a florecer, afirma Patapan, no sólo en naciones con seguridad pública (protección para los bienes y las personas), seguridad jurídica (respeto a los contratos y protección contra confiscaciones arbitrarias) y división de poderes (que previene el abuso de autoridad), sino también en las naciones que tutelan la libre competencia.[81]

Montesquieu analiza el caso de Japón, cuya política comercial en esa época consistía en importar bienes provenientes únicamente de China y Holanda. La prohibición a mercantes de otras naciones para acercarse a aguas japonesas provocaba que chinos y holandeses incrementaran ridículamente el precio de sus mercancías. "Toda nación que se comporte según la máxima del Japón será engañada necesariamente, pues la competencia pone un precio justo sobre las mercancías y establece las verdaderas relaciones entre ellas".[82]

Éste es un postulado filosófico interesante. La doctrina romana y medieval del derecho a la propiedad descansa sobre la noción de *ius*, la cosa debida. En la concepción escolástica de la justicia conmutativa, todas las cosas tienen un valor objetivo y es injusto comprarlas o venderlas a un precio excesivamente superior o inferior a ese valor real que poseen. Sin embargo, los monopolios, como afirma Montesquieu, ponen a un vendedor en tal circunstancia que puede ocultar el valor real de la cosa y obtener una ganancia desmedida. El único contexto en que puede develarse el valor real de la cosa, de acuerdo con Montesquieu, es el contexto de la libre competencia.[83]

---

81 Patapan, *op. cit.*, pp. 313-329.

82 Montesquieu, *op. cit.*, lib. XX, cap. IX, p. 370.

83 Ésta es una de las razones por las que a inicios del siglo xx Montesquieu fue rescatado por muchos teóricos del liberalismo y se le promovió a diestra y siniestra como un filósofo liberal. Sin embargo, como puede apreciarse en los distintos apartados de *Del espíritu de las leyes*, sería impropio afirmar que Montesquieu es un

Pasemos ahora a las reflexiones antropológicas que soportan toda la doctrina comercial de Montesquieu. Hay al menos dos grandes tesis detrás de su pensamiento comercial: 1. El comercio es el fruto inevitable de la vulnerabilidad humana. 2. La seguridad es condición de posibilidad del ejercicio de la libertad.

> El efecto natural del comercio es la paz. Dos naciones que negocian entre sí se hacen recíprocamente dependientes: si a una le interesa comprar, a la otra le interesa vender; y ya sabemos que todas las uniones se fundamentan en necesidades mutuas.[84]

El mismo razonamiento que describimos en el primer capítulo de este libro se replica en la doctrina comercial de Montesquieu. El ser humano en el estado de naturaleza, recordemos, se asocia con otros en virtud de su vulnerabilidad, de su incapacidad para bastarse a sí mismo. El ser humano tiene una dependencia radical de la comunidad. Necesita de entrada, para poder existir, de la comunidad de los padres. No sólo no puede hacer mitosis como los organismos unicelulares, sino que la cría humana es más vulnerable que cualquier otra en el mundo animal. En términos estrictamente biológicos, la cría debe pasar al menos entre 12 y 15 años bajo la tutela de sus progenitores mientras desarrolla ciertas capacidades de autosustento, e incluso alcanzada la madurez biológica, el ser humano, desprovisto de garras, dientes, veneno, pelaje... no abandona la comunidad, sino que obtiene su sustento de ella.

La vulnerabilidad humana, el temor recíproco entre los hombres en el estado de naturaleza, afirma Montesquieu, es la que genera el estado de paz originario de la humanidad. La vulnerabilidad humana es la condición de posibilidad y la causa del fenómeno político. El temor recíproco, el reconocimiento de que los demás tienen al menos la misma fuerza o más

---

filósofo 100% liberal. De entrada, no hay razones para afirmar categóricamente que tenga alguna forma favorita de gobierno. Describe la república, la forma de gobierno en la que mejor florece el comercio de economía, pero no afirma que sólo deban existir repúblicas en el mundo. La propia república tiene instituciones que harían temblar a los liberales, como la exigencia de una vida en común más o menos igual para todos los ciudadanos y una política tributaria bastante robusta.

[84] *Ibid.*, lib. XX, cap. II, pp. 364-365.

capacidades que yo, permite que los hombres se reúnan sin miedo (si todos están igual de aterrados que los demás, nadie se animará a dar el primer golpe). Y así como la comunidad política surge en un contexto de vulnerabilidad, de la misma manera (afirma Montesquieu) el comercio no es más que otra expresión de la indigencia humana.

> The spirit of acquisition, according to Montesquieu, reveals and reinforces the natural desire for security and property. In directing men and women to their material welfare, commerce shifts attention away from devotion to king or country, or even personal glory and salvation. It therefore encourages hard work, tolerance and love of peace. Importantly, a concern with one's own security or prosperity —in short, oneself— results in a new approach to others, an enlightened view about their plight, insecurity and weakness. In this new appreciation of a commonality, individuals realize their need for others, and how others need them. In this way, a sense of common humanity, and therefore mutual pity and compassion, is engendered by increased human intercourse, not only towards neighbors, but, by extension, foreigners. Consequently, the treatment of all other individuals is softened as one becomes capable of identifying oneself with them... 'The natural effect of commerce', according to Montesquieu, 'is to lead to peace'. The spread of trade and the spirit of commerce will not only make nations interdependent, but nations are united on the basis of mutual needs... Thus, our need for security and desire for comfort make possible a common humanity and, thereby, a more peaceful world.[85]

El comercio como actividad sólo tiene sentido en un contexto de necesidad. ¿Qué caso tendría que seres absolutamente autónomos, sin ninguna carencia ni deseo insatisfecho, comerciaran entre sí? El interés de lucrar y el interés de satisfacer un deseo o una necesidad, por más egoístas que sean en sí mismos, tienen el potencial de generar un entorno internacional de

---

[85] Patapan, *op. cit.*, pp. 317-318.

interdependencia y mediado por el derecho (pues muestra, incluso a los tiranos más sanguinarios, las ventajas de una vida institucional, una vida con *securitas*).

Es de suma importancia recalcar que Montesquieu no es un ciego promotor del comercio. Las riquezas desmedidas pueden atrofiar la virtud, resorte de la forma más pacífica de gobierno, la república. Montesquieu describe de la siguiente manera la mentalidad de los pueblos que se rigen bajo una lógica estrictamente económica:

> Pero si el espíritu de comercio une a las naciones, no une en la misma medida a los particulares. En los países dominados solamente por el espíritu del comercio, se trafica con todas las acciones humanas y con todas las virtudes morales: las cosas más pequeñas, incluso las que pide la humanidad, se hacen o se dan por dinero.[86]

Además, existe un tipo particular de comercio que en ningún sentido promueve la paz, el comercio de armas.[87] La industria armamentística sólo puede prosperar en la medida en que las naciones se sientan lo suficientemente amenazadas como para comprar armamento, y en ese sentido, las guerras son el mejor momento de venta para este gremio.

A partir de la argumentación de Montesquieu, me permito articular la siguiente respuesta. En efecto, el comercio de armas promueve la guerra, pero incluso las naciones que compran armamento deben tener un trato cordial con estos comerciantes y asegurarles todas las formalidades necesarias para cualquier tipo de comercio (garantía del pago, respeto a los contratos, protección a los comerciantes y a sus bienes, protección contra incautaciones arbitrarias).

Incluso si el déspota más sanguinario deseara adquirir armas, se vería forzado a refrenar sus conductas impulsivas y ser cordial con los vendedores. Si asesina a un vendedor de armas e incauta el cargamento habrá

---

[86] Montesquieu, *op. cit.*, lib. XX, cap. II, p. 365.

[87] Agradezco la formulación de esta objeción a mi estimado colega, el filósofo Iñaki Larrínaga.

ganado en esa transacción, pero estará perdido en todas las futuras. Ningún comerciante se le acercará a ofrecerle bien alguno. En cambio, si ofrece las condiciones mínimas de seguridad jurídica y de seguridad pública a estos comerciantes, tendrá garantía de que más vendedores se acercarán con confianza para proveerle de los medios con los que habrá de reprimir a su pueblo.

En ese sentido, incluso en el contexto del comercio de armas, las tesis de Montesquieu se mantienen. El comercio sigue cumpliendo con su rol de: 1. Forzar al déspota y a sus siervos a tratar, al menos a un grupo de individuos, con las garantías mínimas que exigen la seguridad jurídica, la seguridad pública y los buenos modales. 2. Generar interdependencia (si un déspota empieza a portarse mal, se le impone un embargo de armamento).

La seguridad es precisamente la segunda reflexión antropológica en el trasfondo de la doctrina comercial de Montesquieu. Una institución, recordemos, es una organización que procesa información y arroja resultados predecibles. Una vida con *securitas,* en su sentido epistemológico, es una vida con más certezas que incertidumbres.

Nadie tiene en casa una bola de cristal para adivinar el futuro, pero imaginemos un día plagado de incertidumbres. Al levantarnos y entrar a la regadera, generalmente esperamos dos cosas: 1. Que salga agua. 2. Que el agua salga caliente. Esperamos ambos resultados con tanta fe como el *fides et ratio* agustiniano. *Credo ut intelligo*, confiamos en que saldrá el agua caliente como lo ha hecho tantas veces antes. Planeamos nuestro día asumiendo que el bóiler arrojará el resultado predecible y ante la falla en cumplir su propósito no podemos reaccionar más que con furia y desesperación. Las alteraciones a la regularidad nos sacan de balance, aniquilan nuestros planes. ¿Qué sería del acto de cruzar la calle si no supiéramos que existe una institución global conocida como el semáforo? La institución del semáforo genera expectativas de conducta. Libre tránsito para quien las respeta, multas para quien las violenta.

La incertidumbre es el verdugo de la libertad y de los proyectos a largo plazo. Montesquieu es tajante, en los gobiernos despóticos (a la manera del estado de naturaleza descrito según Hobbes), todo está inculto y sin terminar. Los campesinos sólo cosechan lo que pueden consumir, pues todo lo que sobre puede ser robado o confiscado. Nadie arregla su casa, pues no se tiene certeza de poder vivir muchos años para disfrutarla.

No hay incentivos para emprender proyectos a largo plazo (una empresa, el cuidado de una tierra, la realización de una aspiración personal) en una nación en la que todo está sujeto al capricho de un individuo y sus cómplices. En ese sentido, la reflexión de Hannah Arendt en torno a las promesas cobra nuevamente relevancia.

La acción, en palabras de Arendt, es la capacidad de emprender un nuevo proyecto. El hombre no sólo transforma el mundo mediante su labor (*e.g.* obtención y consumo de alimento) y su trabajo (*e.g.* fabricación de productos), sino también mediante la acción. El hombre, afirma Arendt, se inserta en el mundo de lo humano mediante la acción:

> A dicha inserción no nos obliga la necesidad, como a la labor, ni es provocada por las exigencias y deseos, como el trabajo. Es incondicionada; su impulso surge del comienzo que entró en el mundo cuando nacimos y al que respondemos comenzando algo nuevo por nuestra propia iniciativa.[88]

Las acciones, los proyectos humanos pueden verse frustrados por muchas circunstancias. El mundo está en permanente cambio y lo que sucedió muchas veces ayer puede que no se repita mañana. En ese océano de incertidumbre, propone Arendt, las promesas nos proporcionan certeza. "Prometo pagarte mañana", "protesto guardar y hacer guardar la Constitución Política de los Estados Unidos Mexicanos y las leyes que de ella emanen", "juro decir la verdad y nada más que la verdad", "sí, acepto". Las promesas introducen en el mundo de lo humano el *als ob* kantiano. Yo puedo planear mis gastos *como si* mi amigo me fuera a pagar mañana, puedo planear mi proyecto de vida *como si* los regentes fuesen a cumplir y a hacer cumplir las leyes, puedo amar a mi pareja *como si* fuésemos a estar juntos hasta que la muerte nos

---

[88]   Arendt, *op. cit.*, p. 103.

separe. La predictibilidad nos permite planear hasta las tareas más sencillas, como asumir que habrá agua para bañarse o que la carretera estará abierta para poder emprender el camino.

La seguridad en ese sentido, sería la condición de posibilidad para ejercer la facultad característicamente humana: la libertad.[89] Sin certezas, seríamos esclavos del azaroso devenir del universo. En cambio, la certeza de que ante la conducta *x* casi siempre se sigue la consecuencia *y* (*e.g.* si alguien incumple un contrato es castigado, si alguien roba es encarcelado) permite planear a largo plazo. Ésa es precisamente la definición de libertad política de Montesquieu: "La libertad política de un ciudadano depende de la tranquilidad de espíritu que nace de la opinión que tiene cada uno de su seguridad. Y para que exista la libertad es necesario que el Gobierno sea tal que ningún ciudadano pueda temer nada de otro".[90]

Al pie de página de esta frase Montesquieu añade: "Aun cuando un hombre tuviese en Inglaterra tantos enemigos como cabellos tiene en la cabeza, no le pasaría nada; y es mucho, pues la salud del alma es tan necesaria como la del cuerpo".[91] La libertad política, afirma Montesquieu, no es sinónimo de libertinaje. La libertad sólo florece en contextos donde: 1. No hay abusos de poder (en particular donde existe la división de poderes). 2. Se vive conforme a leyes.[92]

Esta segunda condición de posibilidad de la libertad es una idea que Montesquieu retoma de las guerras médicas entre el imperio persa y las πολεῖς griegas en el siglo v a. C. En el contexto de este conflicto bélico, se populariza el término ἐλευθερία (libertad). Los griegos concebían su lucha contra los persas como una lucha del mundo libre contra un ejército de esclavos. Los persas, afirmaban los griegos con desdén, estaban sometidos al capricho de un déspota. Los griegos en cambio (muy en particular los atenienses) se preciaban

---

[89] La labor y el trabajo son actividades que compartimos con los animales (el trabajo ha sido ampliamente desarrollado por el hombre en el sentido en que lo definen Arendt y Marx, pero incluso los animales tienen capacidad de fabricar algunas herramientas rudimentarias).

[90] Montesquieu, *op. cit.*, lib. XI, cap. V, p. 175.

[91] *Ibid.*, lib. XI, cap. V, p. 175, nota 34.

[92] Cfr. *Ibid.*, lib. XI, caps. I-VI.

de no ser gobernados más que por sus iguales (sus conciudadanos) y por las leyes que ellos mismos se dieron.

Ésta es una noción de libertad interesante. En principio, parece contraintuitivo pensar que vivir sometido a leyes es una forma de libertad. La libertad delimita qué conductas están permitidas y cuáles no (marca pautas y expectativas de conducta). Pero vivir conforme a leyes, conforme la mentalidad ateniense, es la auténtica libertad, porque la ley es capaz de liberarnos del capricho de los tiranos.

En las formas de gobierno conforme a leyes (la república y la monarquía), no se resuelven los casos en los tribunales ni se toman decisiones administrativas conforme al capricho del juez o del burócrata, sino conforme al criterio de la ley. Si la ley marca que al homicida le corresponden de 20 a 40 años de prisión, el juez no podrá dictar sentencia ni por 19 ni por 41 años. En las repúblicas, además, el ciudadano tiene certeza de que la ley sólo puede ser aprobada, reformada o derogada por la asamblea de todos los ciudadanos, y que al final de su administración todo funcionario, por pequeño o grande que sea, será llamado ante la asamblea para rendir cuentas de su gestión. El ciudadano de la república tiene también el consuelo de que incluso si un funcionario de alguno de los tres poderes incurre en una arbitrariedad, podrá solicitar el auxilio de los otros dos poderes para refrenarlo (o incluso el auxilio de los censores en un caso extremo).

Ser libre, en pocas palabras, significa vivir conforme a leyes y no conforme al capricho de otros. Ser libre significa vivir en un contexto de *securitas*, de instituciones que doten a la vida cotidiana de predictibilidad para poder emprender nuevos proyectos. Ser libre es no temer otra fuerza que la de la ley.[93]

A manera de conclusión, las tesis principales de este capítulo son las siguientes:

1. El comercio florece en estados donde hay seguridad jurídica, seguridad pública y libre competencia.

---

[93] La libertad política, para Montesquieu, sólo puede existir en aquellos estados donde no cabe temerse ningún abuso por parte del gobierno ni por parte de los ciudadanos.

1.1　El comercio florece muy en particular en las repúblicas, única forma de gobierno que admite plenamente la división de poderes.

1.2　El peligro del comercio para las repúblicas (la generación de riquezas desmedidas que hagan a la forma más pacífica de gobierno perder su igualdad característica), puede ser mitigado con una política fiscal robusta que tase todos los medios de adquisición.[94]

1.3　El comercio genera interdependencia entre las naciones.

1.4　El comercio suaviza las costumbres bárbaras, es una interacción afable.

1.5　El comercio invita a las naciones despóticas a transformarse en gobiernos conforme a leyes.

1.6　El comercio es producto de la vulnerabilidad humana.

2.　La república es la forma de gobierno que ofrece mayor *securitas*.

2.1　La república previene exitosamente el abuso de poder gracias a la inspección cotidiana de las labores del gobierno que ejercen sus ciudadanos, la rendición de cuentas de los funcionarios y la división de poderes.

2.2　La república es un gobierno conforme a leyes (un gobierno con predictibilidad, un gobierno de instituciones) porque: *a)* Los ciudadanos cumplen las leyes o porque las aman (en el caso de la democracia) o porque aprecian su utilidad (en el caso de la aristocracia); *b).* Los ciudadanos respetan a sus funcionarios y les permiten trabajar porque son conscientes de que la libertad consiste en tener por dueños sólo a los iguales (y porque cualquier falta de respeto hacia ellos implicaría la corrupción de la república, su transformación en otra forma de gobierno).

---

[94]　Tal y como presenta esta tesis Montesquieu, sería razonable suponer que son los ciudadanos de las repúblicas quienes tendrían que pagar múltiples impuestos para preservar la igualdad, no así los comerciantes extranjeros. El comerciante extranjero quizás sólo tiene que pagar en la aduana, pero el ciudadano paga si recibe una herencia, si realiza una venta exitosa, si recibe una dote, etcétera.

2.3 Los tres pilares de la vida institucional republicana son la educación en la virtud, la vigilancia del gobierno y la división de poderes.

2.4 La predictibilidad (*securitas*) es condición de posibilidad para el ejercicio de la libertad.

5. El derecho de guerra en Montesquieu

*El objeto de la guerra es la victoria; el de la victoria,
la conquista; el de la conquista, la conservación.*
Montesquieu, *Del espíritu de las leyes*, I-III

Kenneth Waltz en su libro *El hombre, el Estado y la guerra: un análisis teórico* (uno de los textos fundacionales de la Relaciones Internacionales), afirma que para estudiar el fenómeno de la guerra y la paz se debe conducir un análisis en tres niveles: individual, estatal e internacional.[1] Para determinar, por ejemplo, qué llevó a Adolfo Hitler a declarar la guerra a Polonia, puede analizarse su psicología individual. La ambición personal, los traumas, la historia familiar, incluso la presencia de algún tipo de desorden psicológico; pueden ser factores decisivos cuando se toma una decisión de ese calado. Sin embargo, decir que X o Y jefe de Estado estaba loco o sobrio cuando declara una guerra es insuficiente para comprender la totalidad del fenómeno. Por tanto, propone Waltz, es necesario también estudiar la estructura del Estado. ¿Qué contrapesos o catalizadores había en la Alemania nazi cuando el jefe de Estado decidió iniciar un conflicto bélico?

En muchas de las repúblicas que conocemos, como Estados Unidos de América, o México, aunque el titular del ejecutivo es el comandante supremo de las fuerzas armadas, sólo el Congreso tiene autoridad para declarar un estado de guerra. En las monarquías o en los despotismos, por el contrario, el príncipe podría iniciar una guerra sin que nadie tuviera autoridad constitucional para reprocharle nada.

---

[1] Cfr. Kenneth Waltz, *El hombre, el Estado y la guerra: un análisis teórico*, trad. Arturo Borja Tamayo, México, CIDE, 2013.

En los capítulos anteriores he desarrollado la descripción que hace Montesquieu del segundo nivel de análisis de Waltz. Hasta ahora sabemos que, gracias a sus mecanismos de control y rendición de cuentas, la república es la forma más pacífica de gobierno. Sabemos también que, de acuerdo con la propuesta de Montesquieu, el segundo nivel de análisis (el estatal) tiene un profundo impacto en el primero (el individual), pues en gobiernos como la monarquía y el despotismo son precisamente los incentivos individuales (la adquisición de honor en el caso del primero y la adquisición de placer en el caso del segundo) los que impulsan en última instancia el estallido de conflictos bélicos.[2]

Pasemos al tercer nivel de análisis, el sistema internacional. Para Waltz es extremadamente relevante analizar el contexto internacional de una época para determinar qué pudo haber llevado a ciertas naciones a declarar una guerra o a mantener la paz. No es lo mismo estudiar una época como la segunda mitad del siglo XX, caracterizada por el nacimiento de algunos de los organismos y alianzas internacionales más importantes de la actualidad (la ONU, la OTAN, etc.), que analizar conflictos bélicos de la Grecia arcaica. En el mundo contemporáneo, por ejemplo, antes de declarar una guerra no sólo se debe ponderar la capacidad militar o las alianzas de la nación enemiga, sino las posibles sanciones internacionales (*e.g.* embargos, presiones diplomáticas, etc.). En siglos anteriores, por el contrario, la sola idea de constituir un organismo internacional era francamente desconocida.

El sistema internacional, como lo describe Montesquieu, es francamente peligroso para las repúblicas. Como lo desarrollamos en el tercer capítulo, hay una relación arquitectónica entre la forma de gobierno de un Estado y su extensión territorial.

---

[2] Para Montesquieu, recordemos, no es baladí con qué forma de gobierno vive un individuo. Nacer bajo una forma de gobierno u otra lleva a pedagogías distintas. En la monarquía, para que pueda preservarse esa forma de gobierno, es absolutamente necesario que todos los nobles sean educados en el honor (educación que inevitablemente conduce a la guerra). En el despotismo, es arquitectónicamente indispensable que el príncipe tenga a su alcance un poder ilimitado (que en última instancia lo conduce a una vida disoluta). En la república, es imprescindible que los ciudadanos sean educados en la virtud para sostener su Estado (si no lo hacen ellos, nadie más lo hará). La forma de gobierno dicta criterios y expectativas de conducta. En la monarquía, cualquier acción individual contraria al honor sería censurada. En la república, serían reprobables conductas egoístas o tendientes a la adquisición de una riqueza desmesurada.

Si la propiedad natural de los Estados pequeños es el estar gobernados como repúblicas, la de los medianos el estar sometidos a un monarca y la de los grandes imperios el estar dominados por un déspota, se deduce que, para conservar los principios del gobierno establecido, hay que mantener la extensión que tenga el Estado, pues éste cambiará de espíritu a medida que se extiendan o se reduzcan sus límites.[3]

La república, recordemos, tiene que ser pequeña (constreñida a una sola ciudad) para que los ciudadanos puedan inspeccionar las labores de su gobierno y para que nadie tenga condiciones materiales para volverse estrafalariamente rico. La monarquía no tiene esa restricción, pues la participación política de todos los habitantes del Estado no es indispensable, basta que la nobleza se haga cargo de los asuntos públicos. Sin embargo, si la monarquía se sobreexpande, dejará de ser un gobierno de leyes para convertirse en un gobierno despótico, un gobierno en el que los gobernantes de las provincias más lejanas pueden y deben tomar decisiones discrecionales, al no poder esperar a consultar todo con el monarca.

La monarquía, a diferencia de la república, no tiene ninguna necesidad arquitectónica de constreñirse a un territorio pequeño. La desigualdad de las riquezas no representa ninguna amenaza para el gobierno monárquico. Más aún, podría decirse que es la única forma de gobierno en donde el lujo y las riquezas estrafalarias podrían prosperar.

El gobierno despótico puede ser inmenso, si no gobiernan las leyes sino el capricho, el Estado puede ser tan amplio como se desee. Pero como en el gobierno conforme a capricho la economía no puede prosperar, y en el gobierno republicano la desigualdad de las riquezas corrompería la constitución del Estado, sólo queda un posible candidato, la monarquía. En la monarquía, el lujo y la excentricidad son requisitos para la vida cortesana. El lujo es fuente de honor y distinción. La monarquía no tiene que sufrir en ningún sentido la austeridad republicana, siempre y cuando modere su extensión territorial lo suficiente como para no convertirse en un gobierno despótico.

---

[3] Montesquieu, *op. cit.*, lib. VIII, cap. XX, p. 143.

Las repúblicas se encuentran expuestas a un constante peligro, afirma Montesquieu, porque tanto la monarquía como el gobierno despótico son gobiernos proclives a la guerra. El deseo de honor de los nobles y el deseo de placer del déspota son incentivos poderosos que incitan a estas naciones a conquistar los pueblos vecinos. La república, al ser pequeña, no tiene suficientes hombres ni dinero como para enfrentar a los ejércitos de sus enemigos. ¿Cómo podrá sobrevivir la forma más pacífica de gobierno?

La respuesta de Montesquieu es contundente, *confederándose*. Cada república individualmente es incapaz de hacer frente a los recursos militares y económicos de las monarquías y los gobiernos despóticos. Asociadas en una confederación, las repúblicas obtienen lo mejor de dos mundos: "[existe una forma de gobierno] que tiene todas las ventajas interiores del Gobierno republicano y la fuerza exterior del monárquico. Me refiero a la república federativa".[4]

Hacia el exterior, la asociación de varias repúblicas permite tener tantos recursos militares como los tendría una monarquía (que es, recordemos, una forma de gobierno con un territorio medianamente extenso y capaz de acaudalar mucha riqueza).[5] Pero hacia el interior, cada república conserva individualmente la virtud en la que fue educada, así como sus mecanismos de rendición de cuentas y división de poderes.

La confederación es, hacia el exterior, una monarquía, un escudo de fuerza alimentado por tropas y recursos de diversos pueblos. Hacia el interior, cada república sigue siendo en sí misma pequeña y permite que se preserve la igualdad, la inspección del gobierno, el cumplimiento de la ley y la división de poderes.

De acuerdo con Montesquieu, las repúblicas confederadas únicamente irían a la guerra en defensa propia. Hay dos razones para sostener esto. La primera es arquitectónica (desarrollada a lo largo del tercer capítulo), la república nunca iniciaría una ofensiva expansionista gracias a los múltiples controles internos que posee (el amor a la igualdad, el amor a las leyes, la virtud

---

[4]   *Ibid.*, lib. IX, cap. I, p. 149.

[5]   Reza el antiguo adagio mexicano, "No somos machos, pero somos muchos".

política, la virtud de la moderación, la inspección cercana del gobierno, la división de poderes, la figura de los censores, etc.). La segunda razón es eminentemente jurídica.

Al describir el derecho de gentes (precursor de lo que hoy conocemos como derecho internacional), Montesquieu se apega a las tesis escolásticas ortodoxas. Su presentación no difiere demasiado de la de Francisco de Vitoria o la de Tomás de Aquino.[6]

El derecho a la legítima defensa de los Estados, afirma Montesquieu, es un espejo del derecho a la legítima defensa de los individuos, cuyo fundamento es la propiedad de la vida. La propiedad, en el derecho romano y medieval, se integra por cuatro derechos.

1. *Ius utendi.* Derecho de usar la cosa para los fines para los que fue creada (*e.g.* usar un libro para leer).
2. *Ius abutendi.* Derecho de usar la cosa para fines distintos para los que fue creada, incluso si implica su destrucción (*e.g.* usar un libro como leña para el fuego).
3. *Ius fruendi.* Derecho a gozar del usufructo de la cosa (*e.g.* consumir la cosecha del campo).
4. *Ius vindicandi.* Derecho de reclamar ante un tribunal la violación de alguna de las prerrogativas anteriores.[7]

El individuo puede hacer uso de la fuerza si su propiedad se ve amenazada. Ello abarca no sólo a sus propiedades materiales, sino también a su propiedad más preciada, la vida.

La vida de los Estados es como la de los hombres: éstos pueden matar en caso de defensa propia; aquéllos pueden hacer la guerra para su propia

---

[6] Cfr. Alonso Fernández Diez, "Un análisis filosófico sobre la naturaleza de los conflictos bélicos y sus problemas éticos a la luz del pensamiento de Francisco de Vitoria", México, Universidad Anáhuac, 2006.

[7] Felipe Schwember Augier, "¿Plena in re potestas? Paradigmas y problemas en torno a la definición de la propiedad en la filosofía política y jurídica contemporánea", *Revista Telemática de Filosofía del Derecho*, núm. 15, 2012, pp. 59-104.

conservación. En caso de defensa propia puedo matar, porque mi vida es mía como la del que me ataca es suya. Igualmente, un Estado hace la guerra porque su conservación es tan justa como la de cualquier otro.

El derecho de defensa propia de los ciudadanos no lleva consigo la necesidad de atacar, pues en lugar de esto basta con recurrir a los tribunales. Así pues, los hombres sólo pueden ejercer el derecho de defensa en los momentos en que estuvieran perdidos si tuviesen que esperar el socorro de las leyes. Pero el derecho de defensa de las sociedades lleva consigo a veces la necesidad de atacar: cuando un pueblo ve que una paz más larga podría poner a otro en disposición de destruirle, el único medio de impedirlo es atacarle en ese momento.[8]

La única guerra justa, de acuerdo con este argumento, es la guerra defensiva. Tácticas como la guerra preventiva sólo están justificadas si se emprenden como guerra defensiva.

Los Estados, afirma Montesquieu, no tienen tribunal alguno al que puedan recurrir para defenderse. Aquí cobra relevancia el tercer nivel de análisis de Waltz. Incluso en un mundo en el que existen la ONU y un sinnúmero de organismos regionales, en el momento de la verdad, cada Estado cuenta sólo con sus propias capacidades militares para defenderse de una agresión extranjera.

Con esta lógica, las guerras de expansión por honor, riqueza o placer emprendidas por las monarquías y los gobiernos despóticos serían siempre contrarias al *ius gentium*. El derecho de legítima defensa de los Estados, afirma Montesquieu, se compone tanto del derecho de defenderse ante una amenaza real e inminente (el adversario me ha disparado ya en un par de ocasiones), como del derecho de defenderse de una amenaza futura (el adversario ha empezado a fabricar municiones con dedicatoria para mí).

La venia de Montesquieu a la guerra preventiva puede prestarse a muchos abusos, eso no podemos negarlo. Sin embargo, la pequeña extensión

---

[8] Montesquieu, *op. cit.*, lib. X, cap. II, p. 156.

territorial de la república no permite margen para extravíos en la brújula moral. Un imperio extenso encontrará amenazas a su seguridad en cada rincón, pues una multitud de pueblos puede confabular para agredirlos. La república, muy por el contrario, no puede usar como pretexto de guerra las intenciones de algún pueblo lejano en una tierra exótica.

A la república sólo pueden preocuparle las intenciones de sus vecinos. Para llamar a las armas a los ciudadanos de la república de conformidad a los principios del *ius gentium*, la amenaza tiene que ser real, cotejada mediante un arduo proceso de inteligencia. Sobrexpandir un Estado de forma compulsiva tiene como consecuencia inevitable el incremento sistemático de la lista de posibles enemigos, se adquieren nuevos adversarios en las nuevas fronteras y se gana el resentimiento de los conquistados.

Del derecho de guerra deriva un ámbito interesante del *ius gentium*, el derecho de conquista:

> Cuando un pueblo es conquistado, el derecho que el conquistador tiene sobre él sigue cuatro clases de leyes: la ley de la naturaleza, que tiende a la conservación de las especies; la ley de la razón natural, que pide que hagamos al prójimo lo que quisiéramos que él nos hiciera; la ley que forma las sociedades políticas, constituidas de tal manera que la naturaleza no ha limitado su duración; finalmente, la ley derivada de la cosa en sí: la conquista es una adquisición, y el espíritu de adquisición lleva consigo el espíritu de conservación y de uso, pero no el de destrucción.[9]

Al conquistar un pueblo, el Estado victorioso puede adoptar alguno de los siguientes cuatro cursos de acción: 1. Gobernar dicho territorio respetando las leyes y autoridades locales. 2. Remover a los gobernantes locales para nombrar nuevos funcionarios. 3. Destruir y dispersar a la sociedad conquistada. 4. El exterminio de todos los conquistados.[10]

---

9   *Ibid.*, lib. X, cap. III, p. 157.

10   Cfr. *Idem.*

De acuerdo con Montesquieu, no basta emprender una guerra defensiva para que dicha guerra sea tenida como justa. La conducción de la guerra y la administración del postconflicto también son sujetas a una evaluación jurídica (*ius in bello*). Y aunque en Montesquieu no existe todavía una tipificación de los crímenes de guerra tal y como los conocemos en la actualidad, sí hay un argumento que es germen de la configuración moderna del derecho internacional humanitario. A dicho argumento me he permitido llamarle la *proscripción utilitaria del genocidio*.

Algunos juristas de su tiempo, critica Montesquieu, han afirmado que el exterminio del pueblo conquistado es un derecho del conquistador. Siendo parte del derecho de propiedad el *ius abutendi* (el derecho a maltratar el objeto poseído), el conquistador está autorizado a hacer lo que le plazca con su presa.[11]

> Es evidente que, cuando la conquista se ha acabado, el conquistador ya no puede matar, puesto que ya no se da el caso de defensa natural ni de su propia conservación. Lo que les hizo pensar así fue el creer que el conquistador podía destruir la sociedad, y de ahí concluyeron que podía destruir a los hombres que la componen, lo cual es una consecuencia falsa derivada de un principio falso. Pues del hecho de que la sociedad sea aniquilada no se sigue que los hombres que la componen lo sean también, ya que la sociedad es la unión de los hombres, pero no los hombres. El ciudadano puede perecer, pero el hombre permanece.[12]

De las cuatro leyes que Montesquieu afirma que rigen el derecho de guerra, la más importante cuando se examina el derecho de conquista es la cuarta: "El objeto de la guerra es la victoria; el de la victoria, la conquista; el de la conquista, la conservación".[13] La conquista es un medio de adquisición

---

[11] Cfr. *Ibid.*, lib. X, cap. III.

[12] *Ibid.*, lib. X, cap. III, p. 158.

[13] *Ibid.*, lib. I, cap. III, p. 16.

de una nueva propiedad (igual que el comercio). El fin de una transacción es obtener un bien para usarlo, no para destruirlo.

Pensémoslo con el siguiente ejemplo. Un hombre va a la librería a comprar una *Metafísica* trilingüe de Aristóteles. El hombre tiene todo el derecho (*ius abutendi*) de usar el libro para fines distintos de los que fue creado. Puede usar el libro como apoyo para nivelar la mesa que está chueca, como leña para calentar su hogar, como proyectil para atacar a los transeúntes, etc. Si el libro no fuera de su propiedad (*e.g.* si lo tomó prestado de una biblioteca), su empleo del libro estaría limitado al *ius utendi*, es decir, estaría constreñido a usar el libro sólo para los fines para los que fue creado (para ser leído). Pero al ser esta persona dueña del libro, es libre de hacer lo que le plazca con él.

Sin embargo, no hay nada más ineficiente que utilizar un libro como leña o como proyectil. Existen muchas opciones más baratas y con mejor rendimiento para calentar el hogar que un libro. Maltratar el libro reduce su duración, lo cual es contrario al objetivo primario de cualquier adquisición, la preservación del bien obtenido.

Adquirir un objeto con el afán de destruirlo es sadismo, carece de toda lógica de eficiencia. Tal destrucción está amparada conforme a derecho, pues el propietario tiene el *ius abutendi*, pero es francamente un mal negocio. La meta de la conquista, afirma Montesquieu, es la conservación del botín adquirido.

El tesoro, el territorio y la población del Estado vencido quedan bajo el dominio del vencedor. Y así como hay métodos para preservar un libro por muchos años para maximizar su vida útil, hay también varias formas de conservar al Estado conquistado.

Montesquieu afirma que la forma de conquista menos invasiva es aquella en la que el conquistador dispersa al ejército enemigo, pero permite a los conquistados conservar sus leyes, sus costumbres y a la mayoría de sus funcionarios públicos.[14] La derrota es humillante, pero habrá menos margen para el descontento (que es el suelo fértil de cualquier rebelión) si se le permite a los vencidos regirse conforme a sus leyes.

---

[14] Montesquieu propone, por ejemplo, cambiar tan sólo el nombre del regente. En lugar de llamarse rey de *x* país, se convierte en gobernador o virrey.

Ése es el caso, cita Montesquieu, de los griegos tras la conquista romana. A pesar de ser parte del imperio, a los griegos se les permitía dirimir sus controversias y dictar sentencias conforme a las leyes locales. "En estas conquistas no basta dejar las leyes de la nación vencida, sino que es quizás más importante conservar sus costumbres, pues un pueblo conoce, ama y defiende siempre sus costumbres más que sus leyes".[15]

Nótese la razón por la que Montesquieu propone la preservación de las leyes y las costumbres de los vencidos. Es un razonamiento utilitario, si se le permite al pueblo derrotado conservar cierto grado de autonomía, habrá menos suelo fértil para que una insurrección termine en última instancia en la pérdida del botín obtenido.

Sin embargo, admite Montesquieu, en ocasiones para poder preservar lo conquistado se requiere de medidas más drásticas, como la remoción de todos los funcionarios locales, la proscripción de todas las leyes y costumbres de los vencidos, y en casos extremos, la deportación o la esclavitud.

Algunos pueblos podrán capitular al ver a sus funcionarios destituidos y sus costumbres prohibidas. Pero los pueblos más combativos quizás sólo puedan ser apaciguados mediante la deportación o la esclavitud, medidas extremas que conducen a la disolución de la sociedad conquistada.

Estas medidas están justificadas en aras de preservar lo adquirido, pero no pueden aplicarse a perpetuidad. La disolución de una sociedad, suscribe Montesquieu, no es sinónimo de exterminio. A un hombre se le puede arrebatar su patria, su cultura, su idioma y su orgullo, pero "del hecho de que la sociedad sea aniquilada no se sigue que los hombres que la componen lo sean también, ya que la sociedad es la unión de los hombres, pero no los hombres. El ciudadano puede perecer, pero el hombre permanece".[16]

El vencido puede ver la disolución de la sociedad en la que nació, pero tal disolución carece de sentido, afirma Montesquieu, si no se le ofrece la posibilidad de formar parte de la sociedad vencedora.

---

15 *Ibid.*, lib. X, cap. XI, p. 164.

16 *Ibid.*, lib. X, cap. III, p. 158.

Del derecho de matar durante la conquista, los políticos han hecho derivar el derecho de reducir a esclavitud; pero esta consecuencia tiene tan poco fundamento como su principio. Sólo se podrá reducir a esclavitud cuando ésta sea necesaria para la conservación de la conquista. El objeto de la conquista es la conservación; la esclavitud no lo es nunca, aunque puede ocurrir que sea un medio necesario para conseguir dicha conservación.

En este caso, la esclavitud a perpetuidad va contra la naturaleza de las cosas; es preciso que el pueblo esclavo pueda convertirse en súbdito. La esclavitud es algo accidental en la conquista y debe cesar después de cierto tiempo, cuando todas las partes del Estado conquistador se hayan unido con las del Estado conquistado, por costumbres, matrimonios, leyes, asociaciones y cierta conformidad de espíritu, ya que los derechos del conquistador sólo se basan en que estos supuestos no se den y en que haya tal alejamiento entre las dos naciones que una no pueda tener confianza en la otra.

[...] Para dominar a los sajones, Carlomagno les privó de la libertad y de la propiedad de los bienes, pero Luis el Piadoso los declaró libres... El tiempo y la esclavitud habían suavizado sus costumbres; después le fueron siempre fieles.[17]

Medidas tan radicales como la deportación o la esclavitud, que disuelven por completo la sociedad de los vencidos, sólo están justificadas en la medida en que exista el riesgo de una rebelión. El fundamento jurídico de tales medidas desaparece cuando la animadversión de los vencidos se suaviza mediante la convivencia y las múltiples asociaciones con los conquistadores.

Esta descripción del derecho de conquista puede resultar poco alentadora por dos razones. La primera, porque legitima prácticas que hoy consideraríamos contrarias al derecho internacional humanitario (la guerra preventiva,

---

[17]   *Ibid.*, lib. X, cap. III, pp. 158-59.

la deportación y la esclavitud). La segunda, porque su proscripción del genocidio no es una obligación moral, sino un cálculo utilitario.

De conformidad con la naturaleza de las adquisiciones, es prudente que el conquistador siga las recomendaciones de Montesquieu para preservar su conquista, pero no está obligado a hacerlo. En última instancia, el dueño de la cosa tiene el *ius abutendi* y puede disponer de su propiedad como le plazca. El conquistador podría cometer genocidio, aunque igual que quien quema un libro como leña, se estaría perdiendo de todos los beneficios que reportaría la unión de ambos pueblos... o se perdería, al menos, de la ventaja de tener un ejército de esclavos que le asistan.[18]

Este razonamiento dista mucho de la protección irrestricta a los derechos humanos del derecho internacional humanitario contemporáneo. Sin embargo, no deja de ser un argumento interesante porque apela a una disposición humana muy poderosa, el interés.

Hoy, en muchos círculos del poder se percibe con desdén los mandatos y prohibiciones del derecho internacional humanitario y del *ius in bello*. La prohibición del armamento químico o bacteriológico, de las municiones de racimo, de la tortura, la obligación de rescatar toda vida que peligre en la mar (incluso de un buque enemigo) o de no agredir a un enemigo que se rinde; representa para muchos ejércitos y empresas una molestia que limita la increíble creatividad humana para la crueldad.

La proscripción utilitaria del genocidio no depende de nociones como la dignidad humana o los derechos humanos, que se presentan como valores absolutos que deben preservarse ante cualquier circunstancia. Para muchos el deber puede parecer tedioso, pero el interés tiene pies. Este argumento

---

18 Los libros IX y X son pasajes problemáticos porque no queda claro qué derecho es el que impera, el derecho de propiedad del conquistador o el derecho de legítima defensa (con todas sus cláusulas y candados). Montesquieu sostiene que desde una perspectiva jurídica (desde la perspectiva de la justicia), el conquistador no tiene derecho a exterminar a los vencidos porque ya no representan una amenaza que justifique el uso de la fuerza letal. Pero al mismo tiempo, la tradición jurídica escolástica y romana a la que se suscribe Montesquieu, considera la existencia del *ius abutendi* del dueño de la cosa.

A pesar de esta ambigüedad, el texto refleja claramente que al describir el derecho de conquista, Montesquieu argumenta con una lógica pragmática. La esclavitud y la deportación están permitidas en la medida en que conserven los territorios adquiridos y generen condiciones de posibilidad para que los vencidos no sean una amenaza a la seguridad del Estado vencedor.

de Montesquieu puede apelar incluso al dictador más sanguinario para que refrene su violencia y perdone la vida de sus cautivos, aunque sólo sea por utilidad.

Ahora bien, la conquista, incluso cuando es realizada de conformidad con todos los principios del *ius gentium*, representa un peligro arquitectónico adicional para la república (muy en particular, para la democracia).

> Va también contra la naturaleza de las cosas que una República democrática conquiste ciudades que no podrían entrar en la esfera de la democracia. Es preciso que el pueblo conquistado pueda gozar de los privilegios de la soberanía como los romanos establecieron en un principio. Además, debe limitarse la conquista al número de ciudadanos que se haya señalado para la democracia.

> Si una democracia conquista un pueblo para gobernarlo como súbdito, expone su propia libertad, pues tendrá que confiar un poder demasiado grande a los magistrados que envíe a los Estados conquistados.[19]

La naturaleza de la democracia es que todos los habitantes del Estado, sin excepción, tomen parte del ejercicio de la soberanía. Tal y como argumenta Montesquieu, las medidas de control que autoriza el derecho de conquista (incluso las más brutales), son provisionales, pues al pueblo conquistado se le debe permitir la oportunidad de convertirse en súbdito del conquistador. En el caso de la democracia, a los vencidos se les debe conceder la oportunidad de convertirse en ciudadanos.

Si bien este proceso puede tomar varias generaciones, hay dos consideraciones que debe tomar un Estado democrático cuando declara una guerra. La primera tiene que ver con la disposición del pueblo conquistado. Un pueblo que siempre ha sido gobernado por el despotismo, acostumbrado a una vida de servidumbre, probablemente no estará listo para entrar en las

---

19 *Ibid.*, lib. X, cap. VI, p. 161.

exigencias de la vida democrática de golpe. Hará falta un proceso educativo y de habituación a sus nuevos derechos y deberes.

La segunda consideración es demográfica. La república es pequeña para permitir la inspección del gobierno y para que no puedan acaudalarse riquezas desmedidas. Si de golpe muchos ciudadanos entran en la vida democrática, puede que esa inspección cercana de las labores del gobierno se haga imposible.

Más aún, si se da de inmediato a los vencidos el derecho al voto, y el pueblo conquistado es mucho más numeroso que el vencedor, tendría una abrumadora ventaja en cualquier proceso electoral.

Estos peligros, como puede apreciarse, no aquejan tanto a la república aristocrática. Dado que es un gobierno basado en la desigualdad, no es extraño que a las filas de los excluidos de las decisiones políticas se sumen los vencidos. Pero hay un peligro que afecta a ambas formas de la república por igual, la discrecionalidad otorgada a los magistrados que habrán de administrar el territorio conquistado.

La administración del postconflicto, admite Montesquieu, requiere en muchas ocasiones de mano dura y decisiones discrecionales. El territorio conquistado no se administra conforme a leyes, sino que es una suerte de gobierno despótico interino. Los magistrados y generales están obligados a rendir cuentas ante sus conciudadanos, pero no tienen ninguna obligación para con el pueblo conquistado.

Tal gobierno discrecional, advierte Montesquieu, debe ser siempre de carácter interino porque en sí mismo es contrario a la naturaleza de la república, un gobierno conforme a leyes.

La conquista en ciertos casos, afirma Montesquieu, puede ser benéfica para un Estado. Los Estados corrompidos, disfuncionales o gobernados por incompetentes, pueden salir de su miseria gracias a la intervención militar de otro Estado.

> Un gobierno que ha llegado al extremo de no poder reformarse a sí mismo, ¿qué perdería si se le refundiera? Un conquistador que entra en un pueblo en donde el rico se ha creado insensiblemente, con mil astucias

y artificios, una infinidad de medios para usurpar; donde el infeliz que gime, al ver convertirse en leyes lo que creía ser abusos, vive oprimido y cree que sentir la opresión es una falta; un conquistador, repito, puede cambiarlo todo; la tiranía oculta es lo primero que legitima la violencia.

Se ha dado el caso, por ejemplo, de Estados oprimidos por los arrendadores de contribuciones y aliviados por un conquistador que no tenía ni los compromisos ni las necesidades del príncipe legítimo. Los abusos quedaban corregidos sin que ni siquiera los corrigiera el conquistador.

A veces la frugalidad de la nación conquistadora permite a los vencidos lo necesario, que les estaba negado bajo el príncipe legítimo. Una conquista puede destruir prejuicios nocivos y poner una nación bajo el mando de un cerebro mejor, por así decir.[20]

Eso no significa que, en su presentación del *ius gentium*, Montesquieu legitime las intervenciones militares por razones humanitarias. Ese desarrollo conceptual es muy posterior, y su versión más contemporánea es la denominada "responsabilidad de proteger".[21] Montesquieu simplemente quiere hacer notar que, incluso cuando un Estado se ve obligado a declarar la guerra a otro, la victoria sobre una nación oprimida puede resultar en la libertad de sus habitantes.

Montesquieu dedica un capítulo entero a elogiar a quien considera un gran conquistador, Alejandro Magno. Al inicio de su empresa, que implicó asegurar el dominio de Macedonia y de todas las ciudades griegas, Alejandro se caracterizó por su prudencia, su estrategia y por su previsión. Nunca

---

[20] *Ibid.*, lib. X, cap. V, p. 160.

[21] Después del genocidio de Ruanda y la guerra en Kosovo, la Organización de las Naciones Unidas propuso el principio de la responsabilidad de proteger, el cual puede invocarse si se presenta alguna de las siguientes circunstancias: 1. Cuando un gobierno es incapaz de proteger los derechos humanos de sus habitantes o cuando toma parte activa en su violación. 2. Cuando un Estado es incapaz de proteger a sus habitantes contra crímenes de guerra (genocidio, limpieza étnica, etc.) o toma parte activa en su comisión. Si se presenta alguna de las dos situaciones anteriores, reza este principio, es responsabilidad de la comunidad internacional proteger a los ciudadanos de dicho Estado, por medio de las armas si hace falta.

dejaba nada al azar. En su aventura en Asia, por otro lado, bañado en gloria y con muchos recursos a la mano, se le conoció ya no por su prudencia sino por su arrojo que en tantas ocasiones le entregó la victoria.

Alejandro respetó y adoptó las costumbres persas. Censuró a todos aquellos que veían al persa como el esclavo y al griego como dueño. Consciente del poder de los matrimonios para unir a los pueblos, ordenó a sus generales tomar por esposas a mujeres persas.

En múltiples ocasiones, Alejandro permitió a los pueblos conquistados conservar su religión, sus costumbres, sus leyes e incluso sus gobernantes, pues Alejandro nombró únicamente a los comandantes de los ejércitos. Afirma Montesquieu que:

> Los romanos conquistaron todo para destruirlo todo; [Alejandro] quiso conquistar todo para conservarlo todo, y por cualquier país por donde pasaba sus primeros deseos eran siempre hacer algo para acrecentarle su prosperidad y su poder... Su mano se cerraba para los gastos privados, pero se abría para los gastos públicos.[22] Para regentar su casa era un macedonio, pero si había que pagar las deudas de los soldados, hacer participar de su conquista a Grecia, enriquecer a cada hombre de su ejército, entonces era Alejandro.[23]

Una conquista exitosa, de acuerdo con la doctrina de Montesquieu, es aquella que está encaminada a fusionar ambos pueblos, no aquella que distingue entre vencedores y vencidos. Ciertamente, en un primer momento quizás tal distinción tajante sea indispensable, pero si permanece para siempre se convertirá en el caldo de cultivo para una futura insurrección y para un odio imperecedero entre ambas naciones.[24]

---

22   Esta misma recomendación la hace Maquiavelo.

23   *Ibid.*, lib. X, cap. XV, p. 170.

24   De todas las naciones que conquistan, la que está obligada a una mayor compenetración con el pueblo conquistado es la democracia. La aristocracia, la monarquía y el despotismo no tienen ninguna necesidad arquitectónica de incorporar a los vencidos a la toma de decisiones políticas. La democracia, muy por el contrario, se define como la forma de gobierno en la que todos los habitantes del Estado son ciudadanos. Para que la

El conquistador tiene, de acuerdo con Montesquieu, la obligación de reparar el daño de los excesos cometidos durante la guerra. Tal reparación contribuye a la reconciliación de las naciones. De no llevarse a cabo, quedará sembrada la semilla del odio y del conflicto: "Sobre el conquistador recae el deber de reparar parte de los males causados. Mi definición del derecho de conquista es la siguiente: un derecho necesario, legítimo y desdichado que deja siempre por pagar una deuda inmensa, para quedar en regla con la naturaleza humana".[25]

A manera de resumen, en el ámbito internacional Montesquieu propone las siguientes tesis:

1. El derecho a la legítima defensa de los Estados es espejo del derecho a la legítima defensa de los individuos.
2. El derecho a la legítima defensa de los Estados incluye la posibilidad de emprender una guerra preventiva.
3. La forma más pacífica de gobierno, la república, sólo puede hacer frente al poder militar de las monarquías y de los grandes imperios al confederarse.
4. La administración del postconflicto también está sujeta a la evaluación del *ius gentium*. Una conquista exitosa es aquella que viene acompañada de una reparación del daño y de una agenda encaminada a convertir al pueblo conquistado y al vencedor en uno solo.

Montesquieu frente a la teoría de la paz democrática y la paz perpetua

Si concedemos a Montesquieu la tesis de que la república es la forma más pacífica de gobierno, uno puede razonablemente suponer que entre más repúblicas haya en el mundo la convivencia internacional será más pacífica.

---

democracia siga siendo democracia, es indispensable que los vencidos, al paso de algunas generaciones, se conviertan en ciudadanos de pleno derecho.

[25] *Ibid.*, lib. X, cap. IV, p. 160.

En ese sentido, la teoría de la paz de Montesquieu comparte una semejanza extraordinaria con la llamada teoría de la paz democrática[26] propuesta en el campo de las relaciones internacionales, la cual reconoce como su fuente de inspiración la propuesta de la paz perpetua de Kant.

La teoría de la paz democrática afirma que las democracias consolidadas rara vez suelen declarar la guerra a otras democracias consolidadas. Más bien, suelen ir a la guerra contra regímenes autoritarios.[27]

Existen muchas versiones de la teoría de la paz democrática. Algunos autores afirman que las democracias no hacen la guerra entre ellas en virtud de que comparten valores comunes de tolerancia y respeto irrestricto a los derechos de las personas. En ese sentido, es más fácil persuadir a un pueblo democrático de emprender una guerra contra un régimen autoritario, que contra un pueblo que se rige conforme a leyes (un pueblo en el que impera el estado de derecho).[28]

Otros autores atribuyen el pacifismo de la democracia a su diseño institucional, pues argumentan que la división de poderes es el mejor freno para el ímpetu belicoso de algún jefe de Estado.[29]

Adicionalmente, en las democracias los ciudadanos tienen un amplio margen de maniobra para presionar a sus gobernantes mediante sus representantes y el sufragio. Son los ciudadanos los que pelean la guerra, los que la pagan con sus impuestos, y los que tienen la autoridad de llamar a cuentas a sus funcionarios respecto de la conducción del conflicto.

La teoría de la paz democrática tiene dos defectos que no están presentes en el planteamiento de Montesquieu.[30] En primer lugar, Montesquieu no sostiene que sólo la democracia sea la forma más pacífica de gobierno,

---

[26] Cfr. Arturo Santa Cruz, "Teoría de la paz democrática", en *Teorías de relaciones internacionales en el siglo XXI: Interpretaciones críticas desde México* Jorge Alberto Schiavon Uriegas (ed.), Puebla, Benemérita Universidad Autónoma de Puebla, 2014, pp. 191-210.

[27] Cfr. *Idem*.

[28] *E.G.* Es más fácil convencer al ciudadano estadunidense promedio sobre la importancia de derrocar al dictador Sadam Husein, en Irak, que convencerlo de derrocar las instituciones legítimamente constituidas del Reino Unido.

[29] Cfr. *Idem*.

[30] Cfr. Patapan, *op. cit.*, pp. 313-329.

sino la república (en sus dos formas posibles, democrática y aristocrática). En ese sentido, su propuesta es más amplia por incluir a dos formas de gobierno. Además, es importante recordar que Montesquieu reduce la aristocracia a una forma de la democracia. Para evitar irritar al pueblo (excluido de la toma de decisiones políticas) y para no provocar la envidia entre los aristócratas, éstos deben implementar mecanismos democráticos para la toma de decisiones (es decir, los aristócratas deben vivir entre ellos *como si* vivieran en una democracia).[31]

En segundo lugar, Montesquieu no prescribe como un imperativo moral la necesidad de promover el republicanismo como la única forma de gobierno admisible en el mundo.[32] Gobiernos como el de Estados Unidos utilizaron el discurso de la democratización como bandera para iniciar intervenciones militares en el Medio Oriente, y perdieron completamente de vista una de las premisas fundamentales de la filosofía política de Montesquieu. A cada nación, dependiendo de sus costumbres, su religión, su actividad económica, su clima, su extensión territorial... le convienen formas de gobierno distintas.

A un pueblo que siempre ha sido esclavo puede resultarle dañina la libertad absoluta otorgada de la noche a la mañana. Ésa es la naturaleza de la educación republicana, es una educación en la libertad. El ciudadano (a diferencia del súbdito) debe hacerse cargo de la vida pública de su país o nadie más lo hará. En la monarquía, los nobles harán caminar el gobierno para conservar su estatus, aunque los súbditos no quieran. En el despotismo, los siervos del príncipe lo obedecerán para saquear cuanto puedan. Pero en la república, si el ciudadano no participa de la asamblea, del sufragio, de las deliberaciones públicas, del examen de las funciones de los magistrados... nadie más lo hará. Ése es el dilema de la libertad del que hablábamos al inicio de este libro. El primer desafío a la libertad no es exterior, no es el otro que se opone a mi voluntad, el verdadero desafío es la congruencia. En una república, los ciudadanos se dan a sí mismos las leyes, son al mismo tiempo monarcas (porque decretan las leyes) y súbditos (porque quedan sujetos

---

[31]   Ver capítulos dos y tres.

[32]   Cfr. *Idem.*

a ellas). El desafío es cumplirlas, ser disciplinado y congruente con el curso de acción que uno se ha fijado.[33]

A un pueblo sin esta educación podría resultarle extremadamente dañino el que de pronto una invasión extranjera lo transforme en una democracia (con todas las exigencias que implica). A una nación con la extensión territorial de un imperio no le convendría en absoluto ser forzada a convertirse en república (un gran territorio permite grandes riquezas y genera desigualdad entre los ciudadanos).

Ésa es la razón por la que Montesquieu propone la existencia de repúblicas confederadas. Dado que cada nación tendrá la forma de gobierno que mejor se ajuste a su realidad, las repúblicas necesitan estar preparadas para responder a una potencial intervención de una monarquía o de un gobierno despótico. No tiene caso ser la forma más pacífica de gobierno y quedar condenada al exterminio por no tener suficientes recursos militares. No es accidental que uno de los primeros lemas de la república confederada más famosa del mundo, los Estados Unidos de América, fue *"e pluribus unum"*.

La teoría de la paz democrática yerra al exigir que todos los gobiernos del mundo se transformen en democracias para alcanzar la paz mundial. Montesquieu, en cambio, propone una forma de pacificar incluso a los gobiernos tendientes a la guerra, el comercio.

El comercio muestra a las naciones más bárbaras y despóticas los beneficios de la *securitas*, de la predictibilidad y del gobierno de instituciones. El comercio florece en contextos donde hay seguridad jurídica (respeto a los contratos y mecanismos para evitar el abuso de poder) y seguridad pública (protección para las personas y las mercancías).

En un escenario modesto, las relaciones comerciales generan en los déspotas incentivos para que protejan a los comerciantes y a sus mercancías contra cualquier arbitrariedad o acto de despojo. En un escenario optimista, el comercio puede convencer a los Estados despóticos para convertirse en gobiernos conforme a leyes (en monarquías o en repúblicas).

---

[33] Cualquiera que haya intentado hacer dieta o practicar un deporte ha experimentado esta dificultad.

Si el Estado despótico aprende *ad intra* a regirse conforme a leyes, es altamente probable que dicho Estado también transforme su trato *ad extra* con otras naciones.[34] Esto es de especial relevancia en el siglo XXI, en el que existen tribunales internacionales (como la Corte Penal Internacional o la Corte Internacional de Justicia) que juzgan, entre otras cosas, el cumplimiento de un tipo de contrato muy particular, los tratados internacionales. Si los gobiernos despóticos se habitúan a cumplir los contratos dentro de su país, poco a poco también se acostumbrarán a cumplir los tratados internacionales.

El comercio, adicionalmente, genera interdependencia. Un Estado despótico puede, mediante un cálculo pragmático, advertir que no le conviene ir a la guerra contra el país que le vende armas o la mayor parte de su comida. En la medida en que existan en el mundo más relaciones comerciales, la interdependencia hará pensar a los jefes de Estado dos veces antes de atacar a sus socios.

La teoría de la paz democrática reconoce a Kant como su padre intelectual. Sin embargo, hay una confusión terminológica subyacente a esta teoría. Kant no puede ser el padre de la teoría de la paz democrática, porque en *Hacia la paz perpetua* Kant distingue entre las formas de gobierno y los modos de gobierno.

Formas de gobierno hay muchas, democracia, plutocracia, timocracia... pero sólo hay dos modos de gobernar, el modo republicano (conforme a leyes) y el modo autoritario (conforme a capricho). Considerada esa distinción, es perfectamente posible que existan monarquías republicanas, es decir, gobiernos en los que el príncipe hace cumplir las leyes con justicia; así como pueden existir democracias (formas de gobierno en las que todos los ciudadanos tienen igual acceso al ejercicio de la soberanía) que tiranizan a sus ciudadanos.

Nótese la distinción terminológica. Kant no habla de democracias, sino de gobiernos republicanos. Montesquieu, quien publicó *Del espíritu de las leyes* casi 50 años antes de la publicación de *Hacia la paz perpetua*, no afirma que la democracia sea la forma más pacífica de gobierno, sino la república.

---

[34]   Cfr. Patapan, *op. cit.*, pp. 313-329.

Arturo Santa Cruz admite que subyacente a la teoría de la paz democrática se encuentra una serie de presupuestos sobre qué debe entenderse por democracia, propios del contexto occidental y anglosajón en el que nacieron las Relaciones Internacionales como disciplina.

> Cuando se habla de democracia se incluyen elementos como elecciones periódicas, derecho a voto generalizado, separación de poderes, supeditación del poder militar al civil y estabilidad política de al menos tres años.[35]

> [Una democracia se caracteriza por tener:] 1. Gobierno representativo con una legislatura electa, separación de poderes y estado de derecho; 2. Respeto a los derechos humanos; 3. Interdependencia económica y social.[36]

Como puede apreciarse, no todos estos elementos están presentes en Montesquieu. 1. En *Del espíritu de las leyes* no existe todavía el concepto de derechos humanos. 2. No todos los ciudadanos de la república tienen derecho al voto (en el caso de la aristocracia). 3. Todos los ciudadanos de la democracia pueden votar, pero no todos pueden ser votados. 4. De acuerdo con Montesquieu, la división de poderes no es exclusiva de la democracia, también puede estar presente en la otra forma de la república, la aristocracia. 5. En la teoría de la paz de Montesquieu, la interdependencia económica no es exclusiva de la democracia. En la medida en que todos los Estados del mundo comercien crecerá la interdependencia y la integración económica.

A pesar de que a golpe de vista la teoría de la paz de Montesquieu parece una copia de la teoría de la paz democrática, hay diferencias importantes. De entrada, *Del espíritu de las leyes* fue publicado en 1748; *Hacia la paz perpetua*, texto que los internacionalistas reconocen como el que da origen a la teoría de la paz democrática, no se publica sino hasta 1795.

---

35 Santa Cruz, *op. cit.*, p. 193.

36 *Ibid.*, p. 200.

A diferencia de Kant, la meta de la teoría de la paz de Montesquieu no es una paz perpetua. Montesquieu sabe que inevitablemente habrá conflictos armados, por ello dedica dos libros enteros a hablar sobre el derecho de guerra y sobre el derecho de conquista. Dado que cada pueblo tendrá la forma de gobierno que mejor le convenga, inevitablemente los pueblos gobernados por monarquías o por gobiernos despóticos expresarán tarde o temprano su tendencia inevitable hacia la guerra.

Ésa es la razón por la que Montesquieu propone la creación de repúblicas confederadas. Una teoría de la paz en la que la forma más pacífica de gobierno está a merced de los gobiernos tendientes a la guerra sería francamente inservible. Las repúblicas confederadas pueden hacer frente al poder militar de las monarquías y de los imperios. Y ése es, si se me permite añadir, un elemento indispensable en cualquier teoría de la paz, que exista un poder con la capacidad de hacer frente a la tiranía y a la violencia.[37]

Un factor que varios de los internacionalistas que se inspiraron en Kant para formular la teoría de la paz democrática ignoran es que *Hacia la paz perpetua* depende de los presupuestos éticos de la *Fundamentación para una metafísica de las costumbres*. La paz perpetua es la consumación de la tercera formulación del imperativo categórico, es el reino de los fines hecho realidad en la Tierra. *Hacia la paz perpetua* no es sólo un texto de Relaciones Internacionales, muy en el fondo es un tratado de ética, la punta de la pirámide de toda la ética kantiana.

La propuesta de Montesquieu es muy distinta de la de Kant. El argumento arquitectónico no depende de nociones de dignidad o de deber, pues es un argumento instrumental. Si usted desea que *x* forma de gobierno siga existiendo, debe cumplir con ciertos requisitos. Si no quiere, esa forma de gobierno se transformará en alguna otra.

En ello radica la originalidad de la teoría de la paz de Montesquieu. Es una teoría que no depende ni de la doctrina de los derechos humanos ni de los prejuicios occidentales respecto de cómo debe ser una democracia, ni depende de un sistema ético complejo como la paz perpetua de Kant.

---

[37] Ése es en el fondo el razonamiento que acompaña el envío de una operación de mantenimiento de la paz o la activación del principio de la responsabilidad de proteger.

La propuesta política de Montesquieu es contextual, no absoluta. No hace un llamado a convertir todos los gobiernos del mundo en repúblicas ni se fundamenta en un sistema ético de observancia universal. Ése es el atractivo de su teoría de la paz, que logra llegar a las mismas conclusiones que muchos teóricos posteriores sin tener que partir de presupuestos como los derechos humanos o la dignidad de la persona. Montesquieu es en el fondo un utilitarista... un utilitarista muy elegante.

Conclusiones

Kenneth Waltz en *El hombre, el Estado y la guerra* propone analizar el fenómeno de la guerra y la paz en tres niveles: individual (¿qué motivaciones personales tenía un jefe de Estado al declarar una guerra?), estatal (¿había contrapesos o catalizadores al deseo del regente, del pueblo o de las élites para iniciar una guerra?) e internacional (¿en qué siglo se desata esta guerra? ¿Existían ya organismos internacionales?).

En el ámbito antropológico (individual), Montesquieu afirma que el hombre, abandonado a su naturaleza, es un animal pacífico. En el estado de naturaleza, un hombre no agrediría a otro al advertir que los demás son al menos igual de fuertes (y a veces más fuertes) que él.

En la teoría de la paz de Montesquieu, sin duda el nivel que tiene más peso para prevenir o catalizar una guerra es el estatal. La arquitectura del Estado tiene un profundo impacto en la vida de los individuos. Cada constitución presenta distintas expectativas de conducta a los habitantes del Estado mediante premios y censuras.

Por ejemplo, para un ciudadano de la república sería reprochable y motivo de vergüenza el incurrir en conductas egoístas (*e.g.* llenarse de lujos para distinguirse de los demás). Para un súbdito de la monarquía, muy por el contrario, el afán de distinguirse es indispensable para motivar a la nobleza a encargarse de las labores del gobierno.

La arquitectura estatal de la monarquía y del gobierno despótico es la que pone todos los incentivos para el estallido de una guerra. Los nobles, en su afán de honor, encuentran en la guerra una mina de oro. Puede volverlos ricos y otorgarles gloria eterna. En el caso del gobierno despótico, las conquistas le ofrecen más tesoros y deleites al príncipe.

La república es, de acuerdo con Montesquieu, la forma más pacífica de gobierno por las siguientes razones:

1. La república necesariamente debe ser pequeña, constreñida a una sola ciudad, para que no puedan acaudalarse riquezas excesivas, para que no se pierda la igualdad de todos los ciudadanos (que constituye la naturaleza de la república).[1]

2. Al ser la república pequeña, no incurre en el dilema de la seguridad de Hertz (no es un Estado grande que incita a otros a atacarlo preventivamente).

3. La educación republicana es una educación ciudadana. Los ciudadanos aprenden a amar desde pequeños su república y el amor consiste en el cuidado del objeto amado. Los ciudadanos son educados para comprender que si ellos mismos no se hacen cargo de preservar su forma de gobierno, nadie más lo hará.[2]

4. La sobreexpansión de la república permitiría la adquisición de riquezas desmedidas, situación que provocaría la pérdida de la

---

[1] Es importante no olvidar la distinción técnica entre "ciudadanos" y "pueblo" en la república aristocrática. La aristocracia es un gobierno basado en la desigualdad, pero si los aristócratas (los únicos que en estricto sentido son ciudadanos) no viven *como si* todos ellos fueran iguales, estallará una guerra fratricida.

[2] Podría objetarse que en esta premisa incurro en una generalización apresurada. El amor es el principio de la democracia, pero no de la aristocracia. Por ello debo insistir en lo que argumenté en los capítulos dos y tres. A pesar de que la democracia y la aristocracia tienen motivaciones distintas detrás, la organización de la vida común de los ciudadanos es la misma. Puede que los aristócratas no amen con fervor su república, pero sí es indispensable que la procuren. Si ellos no se hacen cargo de las labores del gobierno, nadie más lo hará. Ésa es la diferencia entre ser ciudadano y ser súbdito. Al súbdito se le da una forma de gobierno de forma pasiva, dicha forma de gobierno seguirá existiendo a pesar de él. El ciudadano tiene la responsabilidad de preservar su forma de gobierno (sería muy paradójico que los aristócratas crearan un gobierno en el que sólo ellos pueden tomar decisiones políticas y a ellos mismos les diera pereza tomar tales decisiones). "Ahora bien, el gobierno es como todo el mundo: para conservarlo hay que amarlo. Nunca se oyó decir que los reyes no amasen la monarquía o que los déspotas odiasen el despotismo". Montesquieu, *op. cit.*, lib. IV, cap. V, pp. 45-46.

igualdad de los ciudadanos. El amor de los ciudadanos por su república los motivaría a evitar dicha guerra a toda costa.[3]

5. Al ser un Estado pequeño, los ciudadanos pueden inspeccionar con lujo de detalle las labores de su gobierno. Si algún individuo osa conspirar para iniciar una guerra de expansión, los ciudadanos pueden advertirlo rápidamente.

6. La república es la única forma de gobierno que constitucionalmente admite la división de poderes. Este entramado de pesos y contrapesos permite frenar el intento de arrastrar a la república a una guerra de expansión.

7. Incluso si fracasa la división de poderes, los censores podrían intervenir con su extraordinario poder para impedir el estallido de la guerra.

8. La república carece de los incentivos del honor y del placer que arrastran a la monarquía y al gobierno despótico a la guerra. En ese sentido, es la única forma de gobierno que está en condiciones de cumplir cabalmente todas las exigencias del *ius gentium*.

   8.1. En consecuencia, la república sólo iría a la guerra defensiva (no a la guerra de expansión).

Para garantizar su preservación, varias repúblicas pueden organizarse en una confederación. De esta forma, conservan su pacifismo innato y adquieren las capacidades militares de una monarquía en caso de ser necesaria la legítima defensa.

A toda la teoría de la paz de Montesquieu se le puede presentar una objeción. ¿Qué hay de las guerras por recursos, como las guerras por el petróleo? Más aún, hay una república en el mundo que es el arquetipo de un imperio agresivo y expansionista, Estados Unidos de América. ¿No es esta nación un monumento al fracaso de la teoría de la paz de Montesquieu?

---

[3] No olvidemos también que la sobreexpansión representa un especial peligro para la democracia porque eventualmente tendría que otorgarse la ciudadanía al pueblo vencido para que la democracia siga siendo democracia (forma de gobierno en la que todos los habitantes del Estado tienen igual participación en el ejercicio de la soberanía).

Estados Unidos cumple las características de una república. Se trata de una federación[4] con división de poderes, un senado, sufragio universal, etc. Lo que llama la atención, al menos en el discurso, es que Estados Unidos ha emprendido prácticamente todas sus guerras so pretexto de legítima defensa.

Durante sus primeros años de existencia, los estadounidenses invadieron Canadá y compraron la Florida española para disuadir a los europeos de cualquier intento de reconquista de las trece colonias. La guerra contra México fue justificada como una defensa de los ciudadanos estadounidenses en Texas. Durante la Intervención francesa, la unión americana apoyó a Juárez por temor a las tropas francesas estacionadas en México. La guerra de 1898 le arrebató a España todas las bases en el continente americano que les hubieran permitido lanzar una invasión. Durante la segunda Guerra Mundial, los estadounidenses permanecieron pasivos hasta el ataque a Pearl Harbor y a las Filipinas. La propia guerra contra el terrorismo, que ha sido denunciada en múltiples ocasiones como un disfraz más del imperialismo, se presenta a sí misma como una estrategia defensiva, como una mera reacción a los atentados del 9 de septiembre de 2001.

En la práctica puede haber muchas objeciones a la política militar de Estados Unidos de Norteamérica, pero en el discurso es innegable que sus guerras casi siempre se han narrado como un proceso de guerra defensiva. Y en ese sentido, al menos en la mentalidad estadounidense, sus guerras han cumplido con las exigencias del *ius gentium*.

Además, no olvidemos que, al menos hasta la segunda Guerra Mundial, Estados Unidos se caracterizó por su aislacionismo. Esta tendencia tuvo un retorno estelar con la administracion del presidente Donald Trump, quien triunfó en las elecciones de 2016 precisamente con la narrativa de reducir las operaciones militares estadounidenses en el extranjero.

Respecto de las guerras por recursos (*e.g.* las guerras del Golfo o la invasión a China para el control del comercio del opio) reitero la réplica que hice al respecto en el cuarto capítulo. El potencial civilizador del comercio

---

4   Los estados miembros de la Unión Americana tienen mucho más autonomía que los Estados Unidos Mexicanos.

es limitado. Incentiva a los déspotas a modificar sus conductas, pero no los obliga. Ahora bien, incluso en entornos agresivos como el comercio de armas, el trato entre las partes debe ser cordial, garantizando en todo momento la seguridad del comerciante y de sus mercancías. Si Kim Jong-un o Vlad el Empalador desean comprar armas, por muy sanguinarios que sean, se verán obligados a ofrecerle un té al comerciante y a platicar con él. Si el dictador lastima al comerciante o le incauta sus mercancías, nadie más le venderá armas jamás. Si refrena su sed de violencia y paga a tiempo, más personas se acercarán a comerciar con él.

El comercio no obliga, persuade. Aprovecha el deseo egoísta de adquirir bienes y de generar riqueza y lo canaliza para generar interdependencia y seguridad. Un entorno seguro, como advierte su etimología (*securus*), es un contexto sin miedo. El miedo es la muerte de la libertad, el miedo paraliza, impide planear proyectos a largo plazo.

El Estado es el proyecto a largo plazo por antonomasia. Una comunidad política no nace con fecha de caducidad, sino que se presenta a sí misma como un proyecto imperecedero.[5] No es baladí que Montesquieu elija la palabra *societas* para emplearla a lo largo de *Del espíritu de las leyes*. La *societas* no es cualquier aglomeración de personas, sino una agrupación con un objetivo común.

Llama la atención que, a lo largo de *Del espíritu de las leyes*, Montesquieu nunca se pronuncia, nunca afirma que *x* forma de gobierno sea la mejor o la peor, presenta las tres formas de gobierno con ecuanimidad. Aun así, queda muy claro a partir del texto que la única forma de gobierno que aborrece es el despotismo.

La elegancia de esta opinión de Montesquieu radica en que nunca se ve en la necesidad de externarla. Se limita a describir el despotismo como se describe una enfermedad en un manual. Basta leer los síntomas para darse cuenta de que dicho Estado es profundamente infeliz.

El gobierno despótico es el gobierno del miedo y de la incertidumbre. En todo momento, cualquier individuo podría robarme (porque no hay

---

5   Cfr. Montesquieu, *op. cit.* lib. X, cap. III, pp. 157 y XI, cap. III, p. 173.

seguridad pública) y cualquier funcionario puede expropiarme (porque no hay seguridad jurídica). En ese océano de incertidumbre no tiene caso emprender ningún proyecto a largo plazo (el cuidado de la tierra, la construcción de una casa, la formación de una familia) pues no hay garantía de vivir para disfrutarlo.[6]

La libertad, esa capacidad de generar nuevas cadenas causales, sólo puede ejercerse plenamente en un contexto donde hay seguridad. Las instituciones, esas organizaciones que ofrecen resultados predecibles, dotan a la vida de predictibilidad. Desde certezas pequeñas como que saldrá agua caliente del bóiler o que los autos se detendrán al ver el rojo del semáforo, hasta grandes certezas como que quien cometa un crimen será castigado; permiten planear a futuro. No tenemos una bola de cristal para adivinar el porvenir, pero en un país en el que se cumplen las leyes podemos arar la tierra *como si* nadie fuera a robarla, pagar con un billete en la tienda asumiendo que nos lo van a recibir o poner un negocio *como si* ningún funcionario público fuera a pedirnos derecho de piso. En ello radica el éxito de los gobiernos conforme a leyes, según Montesquieu. La ley propone criterios generales. De la ley emanan instituciones, y de las instituciones emanan políticas públicas encaminadas a lograr el objetivo que ha fijado el legislador.[7]

Las monarquías y las repúblicas son gobiernos con seguridad jurídica y con seguridad pública, pero la lógica de la inseguridad, si se le deja sin inspeccionar, también puede representar la muerte de la libertad.

Pensemos en la seguridad de la aviación contemporánea. Una persona puede cargar un explosivo en su maleta, así que debemos revisarla para garantizar la seguridad de los pasajeros. Pero también puede esconderla en su cuerpo, así que también cedimos ante la autoridad la facultad de hurgar nuestros cuerpos mediante el tacto o los detectores de metales. Pero también una persona podría esconder algo dentro de su cuerpo, así que instalamos máquinas de rayos x en todos nuestros aeropuertos.

---

[6] El gobierno despótico es prácticamente idéntico al estado de naturaleza descrito por Hobbes.

[7] Que puede ser el príncipe o la asamblea de todos los ciudadanos, según sea el caso.

El administrador del aeropuerto podría ponerse todavía más creativo. ¿Qué tal si una persona se ha instalado placas de plomo para impedir el funcionamiento de los rayos x? El único mecanismo que permitiría probar más allá de toda duda razonable que un individuo no porta nada ilegal en su persona sería una disección. ¿Pero de qué nos sirve un pasajero muerto y diseccionado?

Todos los pasos de este proceso cognitivo están justificados. Es posible que haya un explosivo en la bolsa, es posible que lo traiga en su pantalón, es posible que se lo haya insertado quirúrgicamente... Pero la paranoia mata tanto la libertad cuanto lo hace la absoluta inseguridad (*e.g.* la que se vive bajo el gobierno despótico).

Para evitar la excesiva securitización de cada ámbito de la vida cotidiana, resulta indispensable la división de poderes, la supervisión del gobierno y la rendición de cuentas. En la monarquía, el único capaz de llamar a cuentas a sus sirvientes es el príncipe. En la república, los *checks and ballances* de la división de poderes, así como la constante inspección (*oversight*) de los ciudadanos, son la única barrera entre la legalidad y la tiranía.

Donde hay poder, afirma Montesquieu, hay tentación de abusar de él, ¿y dónde hay mayor tentación de abusar de él que en el ámbito de la seguridad? Los policías, los jueces, los ministerios públicos, los oficiales de inteligencia... todos ellos tienen en sus manos las vidas de muchas personas. Sin supervisión de su labor, no pasará mucho tiempo antes de que se cometan excesos en nombre de la seguridad del Estado.

La seguridad es la condición de posibilidad del ejercicio de la libertad. Ésa es la gran aportación a la humanidad, según Montesquieu, del comercio y de los gobiernos conforme a leyes. Pero la seguridad sin la protección a la libertad es indistinguible de la violencia. Pensémoslo un momento. ¿Qué distingue el acto de secuestrar a una persona del acto de arrestar a un individuo? Mecánicamente son indistinguibles.[8] Ambos consisten en llevar a una persona contra su voluntad a un lugar al que no quiere ir. Medidas como la presunción

---

[8] Pedro Abelardo, *Ética o Conócete a ti mismo*, trad. Pedro R. Santidrián, Madrid, Tecnos, 1990, caps. I-IV.

de inocencia, la prohibición de la tortura y el derecho a contar con un abogado permiten que las investigaciones criminales tengan credibilidad.

Si se tortura a un detenido, se le puede obligar a que confiese cualquier delito o crimen. Si un acusado no cuenta con un abogado, ni siquiera está en condiciones de defenderse. El resultado de una investigación bajo dichas condiciones sería más que dudoso.

Si el Estado detiene a una persona no por capricho de un funcionario, sino porque existe un código que tipifica que ante la conducta *x* se sigue la consecuencia *y*, es un ente que obra conforme a leyes. Si el Estado usa su fuerza discrecionalmente (no conforme a leyes), es indistinguible de cualquier otro grupo armado (un cártel, una pandilla, etc.).[9] Al respecto, escribe san Agustín:

> Si de los gobiernos quitamos la justicia, ¿en qué se convierten sino en bandas de ladrones a gran escala? Y estas bandas, ¿qué no son sino reinos en pequeño? Son un grupo de hombres, se rigen por un jefe, se comprometen en pacto mutuo, reparten el botín según la ley por ellos aceptada. Supongamos que a esta cuadrilla se le van sumando nuevos grupos de bandidos y llega a crecer hasta ocupar posiciones, establecer cuarteles, tomar ciudades y someter pueblos: abiertamente se autodenomina reino, título que a todas luces le confiere no la ambición depuesta, sino la impunidad lograda. Con toda finura y profundidad le respondió al célebre Alejandro Magno un pirata caído prisionero. El rey en persona le preguntó: "¿Qué te parece tener el mar sometido al pillaje?". "Lo mismo que a ti –respondió– el tener el mundo entero. Sólo que a mí, como trabajo con una ruin galera, me llaman bandido, y a ti, por hacerlo con toda una flota, te llaman emperador".[10]

---

9   En esta cuestión se juega la legitimidad del Estado. La definición manualística (weberiana) de Estado es "ente que monopoliza el uso legítimo de la fuerza". La clave está en ese adjetivo, "legítimo". Un Estado que tortura, que fabrica culpables, que recurre a la desaparición forzada, pierde toda legitimidad.

10   *De civ. Dei*, lib. IV, cap. IV

Después de toda esta descripción, da la impresión de que la república es la mejor forma de gobierno, según Montesquieu. Es un gobierno conforme a leyes, la forma más pacífica de gobierno y además es la única forma de gobierno que admitiría constitucionalmente la doctrina estelar de Montesquieu, la división de poderes. Y aún así afirma Didier Carsin,[11] siguiendo la lectura de Louis Althusser,[12] Montesquieu escribe con melancolía.

Hay una forma de la república, la democracia, que exige tanto a sus ciudadanos que quizás es francamente inviable en el mundo moderno. La aristocracia, la monarquía y el gobierno despótico son formas de gobierno que se perpetúan a pesar del deseo del pueblo. El monarca sólo necesita de sus nobles para gobernar, y éstos harán cuanto haga falta para preservar la monarquía. Si desapareciera la monarquía, desaparecerían también sus títulos y precedencias. En ese sentido, también los vasallos del déspota harán todo cuanto esté en sus manos para preservar la discrecionalidad que les otorga esta forma de gobierno. La aristocracia hace lo mismo, los aristócratas han creado un arreglo político en el que sólo ellos pueden tomar parte de las deliberaciones públicas.

En la democracia no hay un tercero (un déspota, un rey o un cuerpo de aristócratas) que imponga al pueblo la ley. El pueblo es monarca y súbdito. En cualquier momento puede el pueblo suavizar sus propias leyes y corromperse. La democracia, recordemos, es como un monasterio y los ciudadanos son los monjes. La aristocracia es un gobierno basado en la desigualdad y puede permitirse algunos lujos comunes para todos los aristócratas, pero en la democracia es indispensable alcanzar la frugalidad de todos los ciudadanos o el egoísmo se colará en sus corazones.

La aristocracia es un club reducido en el que es relativamente fácil involucrar a todos sus miembros en la vida pública, pero en la democracia es requisito indispensable para la supervivencia de esta forma de gobierno que todos y cada uno de los ciudadanos participen de la vigilancia del gobierno, del sufragio y de las deliberaciones públicas. No por nada uno de los

---

[11]   Carsin, *op. cit.*

[12]   Cfr. Althusser, *op. cit.*, p. 61.

mecanismos que recupera Montesquieu de la democracia griega es el sorteo. El ciudadano tiene que cumplir con su vida laboral, con su vida familiar y con su vida ciudadana con igual atención.

La muerte de la democracia es la apatía. Cuando los ciudadanos dejan de participar del sufragio y de la deliberación pública, cuando al ciudadano le da pereza estudiar derecho o economía para entender los pormenores técnicos de una nueva legislación, cuando el ciudadano no se encoleriza por los resultados mediocres de la gestión de un funcionario... en ese momento la democracia ha cesado de existir. Ya no se trata de una forma de gobierno en la que todos toman parte de la toma de decisiones, sino sólo algunos, los que se toman el tiempo de escuchar, estudiar y participar.

Por esa razón es tan importante la igualdad de los ciudadanos. En el México contemporáneo, por ejemplo, mucha gente no puede participar en política (no puede leer detenidamente las plataformas de los candidatos o redactar solicitudes de transparencia) por falta de tiempo. Es economía básica, costo de oportunidad. Hacer una cosa implica dejar de hacer otras. Ir al cine implica ya no poder ir esa noche a cenar o al boliche. El ser humano pondera cuál de sus opciones le dejará mayor utilidad. Un campesino puede ponderar entre pasarse la tarde leyendo plataformas políticas, o ir a trabajar al campo y ganar algo de dinero.

No se puede participar en política con el estómago vacío. La democracia ateniense, denuncia Montesquieu, no era una democracia, sino una aristocracia con mecanismos democráticos. El ciudadano ateniense podía darse el lujo de deliberar largas horas en el ágora porque su tierra era cultivada por sus esclavos. El criterio fundamental para ser ciudadano en Atenas, recordemos, era el dinero. El rico, el que no tiene ninguna preocupación por procurarse el sustento, puede dedicarse al arte, la filosofía y la política. El artesano que tiene que trabajar para comer, no puede dejar de hacer esculturas o vasijas para escuchar las deliberaciones del ágora.

Por esa razón, afirma Montesquieu, en la democracia debe preservarse una figura concebida por Pericles, el funcionario público remunerado.[13]

---

[13] Cfr. Montesquieu, *op. cit.*, lib. V, cap. V.

Pericles amplió la ciudadanía no sólo a los ricos, sino a los artesanos (hombres libres de Atenas, pero que no poseían grandes tierras ni riquezas).[14] Si el artesano deja de atender su taller, no venderá ese día. Si al artesano se le exige que desempeñe un cargo público, ¿cómo comerán él y su familia?

Para que el artesano no se empobrezca y pueda seguir teniendo un estilo de vida similar al de sus conciudadanos, propuso Pericles, se le debe pagar un salario. Es una medida que preserva la igualdad,[15] indispensable para la supervivencia de la república. Además, añade Montesquieu, de esta forma el funcionario puede dedicar toda su energía mental a desempeñar el cargo, no queda partido medio cumpliendo en el taller y medio cumpliendo con la sociedad.

Didier Carsin afirma que en Montesquieu hay una melancolía oculta. En el fondo, Montesquieu sabe que la democracia exige demasiado de sus ciudadanos. Demasiada participación, demasiada disciplina, demasiado amor.[16] Louis Althusser reflexiona lo siguiente en torno a la república democrática:

Faguet may have said that Montesquieu is a republican. Montesquieu does not believe in the republic, and for a simple reason: *the age of republics is past*. Republics only last in small States. Our era is that of medium and large empires. Republics can only be sustained by virtue and frugality, general mediocrity in its original sense, *u.e.* that everybody is content with nothing. Our age is one of luxury and commerce. Virtue has become such a burden that its effects would could be disastrous... For all these reasons, the republic retreats into the distant past: Greece, Rome. No doubt that is why it is so beautiful. Montesquieu, who is

---

[14] Razón por la que a Pericles se le conoce simultáneamente como el padre de la democracia y el padre de la demagogia. Muchos criticaron en su momento tal decisión, pues parecía simplemente un movimiento electorero para dar más votos a Pericles. Una estrategia similar intentó el PRI en México con su propuesta de reducir la edad para votar a 15 años.

[15] Si el artesano se empobrece a causa de tener que dejar de atender su taller para ocupar un cargo público, se pierde la igualdad de los ciudadanos de la república. Nótese cómo éste es también un argumento arquitectónico. Montesquieu defiende la preservación de la igualdad no porque denoste a título personal la pobreza o la desigualdad, sino porque si se pierde la igualdad en la república se corromperá esta forma de gobierno.

[16] Cfr. Carsin, *op. cit.*

quite prepared to call Richelieu crazy for his claim to want an angel for King, so rare is virtue, accepts that in Greece and Rome there were, at certain periods, enough angels to make up whole cities.[17]

Benjamin Constant, asiduo defensor de la doctrina comercial de Montesquieu, pero acérrimo crítico de su filosofía política, afirmará, algunas décadas después de la muerte de Montesquieu, que en el fondo nadie desea participar de las labores del gobierno porque son profundamente aburridas y tediosas.[18]

Constant propone que todo Estado debe tener un gobierno representativo. Los particulares solamente desean gozar de sus placeres privados, razón por la cual delegan las tediosas labores del gobierno a unos cuantos representantes.

Este planteamiento fue desarrollado por los defensores de la teoría de la elección racional en el siglo xx, quienes transformaron al utilitarismo en antropología. La teoría de la elección racional afirma que en todas y cada una de sus decisiones, el ser humano busca maximizar su utilidad o placer.[19] Por ejemplo, es más placentero ir a una fiesta que organiza alguien más, que tener que cargar con los costos que implica organizar la reunión en el domicilio propio (limpiar, atender a los invitados, comprar la comida, etcétera).

La teoría de la elección racional explica el surgimiento de los partidos políticos de la siguiente forma. En toda acción colectiva (organizar una fiesta, abrir una empresa o construir una nación) siempre hay un subgrupo de individuos que asumen mayores costos de organización en aras de obtener mayores beneficios. El que organiza la fiesta asume mayores costos que los demás, tiene que pedir la comida, recibir y despedir a todos los invitados,

---

17   Althusser, *op. cit.*, p. 61.

18   Cfr. Constant, *op. cit.*

19   Cfr. Anthony Downs, "An Economic Theory of Political Action in a Democracy", *Journal of Political Economy* 65, núm. 2, abril de 1957, pp. 135-50. Beatriz Magaloni, "Elección racional y voto estratégico: algunas aplicaciones para el caso mexicano", en *Política y Gobierno* 1, núm. 2, 1994, pp. 309-344. Kenneth Shepsle y Mark Bonchek, "Rationality: The Model of Choice", en *Analyzing Politics: Rationality, Behavior, and Institutions*, Nueva York, W. W. Norton & Company, s. f., pp. 15-35. William Riker, "The Political Psychology of Rational Choice Theory", en *Political Psychology* 16, núm. 1, marzo de 1995, pp. 23-44.

así como limpiar el desastre al día siguiente. A cambio, el organizador de la fiesta recibe ciertos beneficios. Puede elegir qué comida comprar, qué música poner, etcétera.

En escala macro, los partidos políticos son una aristocracia. El bien particular que hace a estos individuos aristócratas no es el dinero ni el poder militar, sino el interés y el tiempo para participar en política. Si el ciudadano privado sufre de un tedio infinito al tener que evaluar los planos y los costos de la nueva presa que se ha de construir, el partido político ofrece al ciudadano quitarle esa carga al destinar a un grupo de individuos a estudiar esos pormenores. A cambio de asumir esos costos mayores de la organización de la vida en común (que implica legislar, deliberar, nombrar funcionarios, etc.), los partidos políticos piden a cambio mayores beneficios. Por ejemplo, ser ellos los legisladores, los jueces, los magistrados, etcétera.

Si en una democracia todos tienen los mismos derechos políticos, pero no todos invierten el mismo tiempo y la misma dedicación para participar de la vida política, los partidos se convierten, de facto, en la aristocracia que rige el país. Un grupo selecto de individuos que por su participación constante en la vida pública son los únicos informados e involucrados lo suficiente como para dictar el curso de la nación.

La apatía no es la única amenaza a las democracias, sino que lo son también los poderes fácticos. Montesquieu afirma que, por ejemplo, los grandes bancos son una amenaza para las monarquías. Si una entidad financiera tiene más poder que el príncipe, tal forma de gobierno ha dejado de ser una monarquía, ha dejado ser el gobierno de uno conforme a leyes, pues: "El dinero está de una parte y el poder de otra, es decir, que por una parte está la facultad de tenerlo todo sin ningún poder y, por otra, el poder sin ninguna facultad".[20]

Consciente de ese peligro, Montesquieu es tajante. La república debe estar constreñida al tamaño de una sola ciudad para que nadie pueda tener riquezas exorbitantes que desafíen el poder del Estado y que generen envidia y desigualdad entre los ciudadanos.

---

[20]   Montesquieu, *op. cit.*, lib. XX, cap. X, p. 371.

Ante todas estas dificultades, sugieren Louis Althusser y Didier Carsin, Montesquieu sabe que en el mundo moderno sólo pueden existir aristocracias, monarquías y gobiernos despóticos. Ya no hay condiciones para vivir esa frugalidad y esa disciplina que exige la vida democrática. La construcción de una democracia funcional requiere una ingeniería constitucional tan exacta que es difícil de replicar:

> Después de lo que acabamos de decir, parece que la naturaleza humana tendría que sublevarse indefectiblemente contra el gobierno despótico; pero a pesar del amor de los hombres por la libertad, a pesar de su odio contra la violencia, la mayor parte de los pueblos están sometidos a él. Y esto es fácil de comprender. Para formar un gobierno moderado hay que combinar los poderes, regularlos, atemperarlos, ponerlos en acción, poner lastre, por así decir, a uno para que pueda resistir a otro:[21] es una obra maestra de legislación, que el azar consigue rara vez, y que rara vez se deja en manos de la prudencia. Por el contrario, un gobierno despótico salta a los ojos, por así decir. Es en todo uniforme, y como para establecerlo sólo se necesitan pasiones, cualquiera vale para hacerlo.[22]

Esta melancolía, sin embargo, no afecta a la teoría de la paz de Montesquieu, pues en su entramado conceptual la forma más pacífica de gobierno es sin lugar a dudas la república, sea democrática o aristocrática. A pesar de que el principio de la aristocracia es distinto del de la democracia, sus efectos prácticos son los mismos. Ambas formas de gobierno exigen a sus ciudadanos participación atenta de la vida pública (sería muy exótico formar un régimen en el que sólo un selecto club tiene acceso a la toma de decisiones políticas y que a ellos mismos les dé pereza tomarlas), ambas exigen a sus ciudadanos llevar un nivel de vida más o menos homogéneo (para no detonar la envidia y la lucha fratricida), ambas admiten constitucionalmente la

---

[21]   La filosofía política de Montesquieu tiene muchas metáforas dinámicas. Las monarquías se convierten en imperios como un río que no puede desviar su cauce. Los poderes se frenan y se empujan entre sí. Cfr. Althusser, *op. cit.*, pp. 68-69.

[22]   Montesquieu, *op. cit.*, lib. V, cap. XIV, p. 77.

división de poderes, ambas se caracterizan por ser un gobierno de leyes (en la democracia porque se aman las leyes, en la aristocracia para no irritar al pueblo ni a los nobles) y ambas pueden asociarse con otras repúblicas para formar una confederación.[23]

La aristocracia es una forma de gobierno mucho más pragmática que la democracia. A la democracia la inspira un sentimiento noble, el amor. A la aristocracia la inspira un objetivo poderoso, el interés de preservar sus privilegios.

Ésa es, si se me permite añadir, la mayor cualidad de la filosofía política de Montesquieu. Muchos de sus grandes argumentos para la paz son meramente utilitarios o instrumentales:

1. El comercio genera interdependencia, está en el mejor interés de los Estados no pelearse con sus socios, pero podrían hacerlo.
2. El argumento arquitectónico no es un argumento con pretensiones de validez universal, sino que se trata de un consejo de prudencia para preservar la naturaleza y el principio de determinada forma de gobierno.
3. El genocidio del pueblo conquistado priva al conquistador de la posibilidad de tener, aunque sea, un ejército de esclavos (reporta mayor utilidad no asesinarlos); pero la adquisición de una nueva propiedad considera el *ius abutendi*, así que podría aniquilarlos si quisiera.

Montesquieu es en muchos sentidos un utilitarista muy elegante. Se abstiene en la mayoría de los casos de emitir juicios de valor universales y apela a un incentivo muy poderoso para el ser humano, el interés. El interés lo comparten los ciudadanos virtuosos de la república y los dictadores más salvajes. El interés lo comparten los activistas por la paz y los comerciantes

---

[23] A partir de estos elementos de diseño constitucional que están presentes en muchos de los Estados contemporáneos (democracias con división de poderes como México, federaciones como Estados Unidos, etc.), podríamos arrancar una conversación en torno a la vigencia que pudiera tener esta teoría de la paz en las condiciones del siglo XXI, a casi 300 años de distancia de la publicación de *Del espíritu de las leyes*.

de armas. Y esto no debe sorprendernos, pues en muchas ocasiones se refiere en la literatura secundaria a Montesquieu como un autor postmaquiavélico.

En el primer capítulo de esta obra, describimos ampliamente las semejanzas y diferencias de *Del espíritu de las leyes* respecto de otras obras canónicas de la filosofía política. Montesquieu no se propone descubrir la "mejor" o la "peor" forma de gobierno al estilo de Platón o Aristóteles, ni busca aconsejar al príncipe cristiano, guardián de las almas de sus súbditos. Montesquieu experimenta los efectos del pragmatismo maquiavélico, pero como puede apreciarse, su teoría de la paz no está encaminada a generar un mundo gobernado por el interés y la codicia, sino un mundo regido conforme a leyes, un mundo con predictibilidad,[24] un mundo seguro.[25]

> El derecho de la guerra deriva, pues, de la necesidad y de lo estrictamente justo. Si los que dirigen la conciencia de los príncipes y los aconsejan no se limitan a eso, todo está perdido; si se fundan en principios arbitrarios de gloria, decoro o utilidad, ríos de sangre inundarán la tierra. Sobre todo no se alegue la gloria del príncipe, pues tal gloria no sería más que su orgullo: pasión y no derecho legítimo. Verdad es que la fama de su poder podría aumentar las fuerzas de su Estado, pero la fama de su justicia las aumentaría igualmente.[26]

Me gustaría concluir este libro refiriendo una última ventaja del argumento arquitectónico. En muchas naciones del siglo XXI, el criterio último para determinar la validez de una norma jurídica o de una acción de gobierno no es la moralidad, sino la constitucionalidad de dicha norma o acto.

---

[24] El derecho es un ámbito cuyo propósito es introducir en el mundo el *como si* kantiano. Así como en todos los casos que alguien arroja algo al suelo éste cae por la gravedad, el derecho tiene el afán de alcanzar un *enforcement* en el 100% de los casos.

[25] Por supuesto que los argumentos utilitarios tienen sus límites. El criterio de utilidad, dejado sin inspeccionar, es capaz de conducir a la humanidad a los más indecibles horrores. Es por esa razón que matizo que Montesquieu propone argumentos arquitectónicos, argumentos instrumentales, imperativos técnicos (por utilizar la terminología de la *Crítica del juicio*). No es un utilitarista craso al estilo de Hume o de Mill.

[26] Montesquieu, op. *cit.*, lib. X, cap. II, p. 157.

Cuando se llevan ante una Suprema Corte las grandes controversias respecto del aborto, el matrimonio homosexual o el uso legítimo de la fuerza (por citar algunos de los casos más recientes en México), los ministros no deliberan respecto de si la norma es buena o mala, si es justa o injusta, sino sobre si es constitucional o inconstitucional.

Llama la atención que, en el caso de México, el documento que basifica toda la convivencia social se llama Constitución Política, no constitución jurídica. Tal nombre, en el fondo, está inspirado en la filosofía política de Montesquieu.

Para Montesquieu, la forma de gobierno es el alma del Estado. La distribución y la forma del ejercicio del poder fija todos los incentivos, disuasores, premios y censuras que existen en determinada sociedad. Toda la vida de una comunidad política gira en torno a la forma de gobierno. La educación, la vida cotidiana, el acceso al poder, los sueños y aspiraciones de todos; son diferentes en cada forma de gobierno.

Para algunos teóricos políticos contemporáneos esta postura puede parecer arcaica, pues en muchas de las constituciones modernas la forma de gobierno no es más que uno de muchos temas que se tratan en una constitución. Al pensar en una constitución, lo primero que nos viene a la mente es un extenso documento al estilo del código napoleónico que aborda muchos subtemas. La forma de gobierno puede cambiar, pero el Estado permanece.

En Montesquieu el término "constitución", más que un término jurídico, es un término metafísico. La constitución de un Estado es su esencia, aquello que lo hace ser esa forma de gobierno y no otra. Los argumentos arquitectónicos son prescripciones para mantener viva esa forma de gobierno, son los argumentos que nos permiten descubrir cuál es el soporte vital indispensable para que una forma de gobierno se preserve tal cual es.

Es muy sugerente que Montesquieu discute algunas de las grandes tragedias humanas (la guerra, la desigualdad, la pobreza, la represión estatal, la inseguridad pública) no desde una perspectiva humanitaria, sino desde una perspectiva constitucional. No propone soluciones universalmente aplicables, sino prescripciones arquitectónicas. No denuncia la pobreza o la desigualdad porque atenten contra la dignidad humana, sino porque su existencia pone en peligro a la aristocracia y a la democracia. Señala lo disfuncional que haría a la república ser un gobierno sin leyes, pero admite que tal condición es indispensable para el despotismo.

Montesquieu es un arquitecto, no se pronuncia respecto de qué casa es mejor que otra, se limita a describir qué condiciones necesita cumplir cada tipo de edificio para no derrumbarse. En ese sentido, los argumentos arquitectónicos[27] le permiten dialogar con los constitucionalistas contemporáneos. En un mundo nihilista y en el que valores como la dignidad humana están bajo asedio constante, no haría daño echar mano de estos argumentos instrumentales para dialogar con aquellos que no entienden otro lenguaje que el del interés y el de la utilidad.

Montesquieu propone detener la guerra apelando precisamente al mismo instinto que la impulsa, el interés. Apela al interés de preservar la propia forma de gobierno, apela al interés de generar riqueza, apela al interés de preservar los territorios conquistados.

De los tres niveles de análisis propuestos por Kenneth Waltz,[28] Montesquieu se centra quizás en el más importante de todos, el estatal. Es la forma de gobierno la que determina si la educación será una educación para vivir en paz conforme a leyes (como la republicana) o una educación para adquirir gloria (monarquía) o placeres (gobierno despótico) mediante la guerra. Es el diseño del Estado el que puede poner trabas (*e.g.* división de poderes y *accountability* en la república) o no (despotismo) a la decisión de las autoridades de emprender una guerra.

La constitución de la UNESCO inicia con la siguiente frase, "puesto que las guerras nacen en la mente de los hombres, es en la mente de los hombres donde deben erigirse los baluartes de la paz".[29] La agudeza de la teoría de la paz de Montesquieu radica en haber develado los baluartes de la paz y de la guerra construidos por cada forma de gobierno en los corazones de sus ciudadanos.

---

[27] Que son esencialmente argumentos instrumentales.

[28] Cfr. Waltz, *op. cit.*

[29] UNESCO, Constitución de la UNESCO, 16 de noviembre de 1945 [en línea], disponible en ‹http://portal.unesco.org/es/ev.php-URL_ID=15244&URL_DO=DO_TOPIC&URL_SECTION=201.html›. Consultado el 20/02/20.

La teoría de la paz de Montesquieu renueva lecciones perennes que hasta la fecha son vigentes. Aunque su adaptación a las relaciones internacionales contemporáneas requiere de ajustes a la luz de siglos de avances en teoría política y derecho internacional, no es una mera curiosidad arqueológica.

La propuesta para la paz de Montesquieu es la vívida prueba de que sin importar el progreso de la técnica y el pasar de los años, al ser humano siempre lo acompañarán los mismos demonios y las mismas fortalezas.

Espero de todo corazón que esta obra haya hecho justicia al arquitecto de la política, que detone muchas fructíferas conversaciones y, sobre todo, nos ayude a construir un mundo seguro, en paz, próspero, y con justicia para todos.

Referencias

Abelardo, Pedro, *Ética o Conócete a ti mismo*, traducción de Pedro R. Santidrián, Madrid, Tecnos, 1990.

Althusser, Louis, "Montesquieu: Politics and History", en *Politics and History: Montesquieu, Rousseau, Marx*, 13-112, Londres, Verso, 2007.

Arendt, Hannah, *De la historia a la acción*, traducción de Fina Birulés, Barcelona, Paidós, 1995.

Aristóteles, *Política*, traducción de Antonio Gómez Robledo, México, UNAM, 2000.

Augier, Felipe Schwember, "¿Plena in re potestas? Paradigmas y problemas en torno a la definición de la propiedad en la filosofía política y jurídica contemporánea", en *Revista Telemática de Filosofía del Derecho*, núm. 15, 2012, pp. 59-104.

Carsin, Didier, "Montesquieu et la République", Université Populaire d'Évreux, 2017, en https://www.youtube.com/ watch?v=GcvSia0yUwg&t=2s.

Constant, Benjamin, "De la libertad de los antiguos comparada con la de los modernos", en *Escritos políticos*, traducción de María Luisa Sánchez Mejía, 257-285, Madrid, Centro de Estudios Constitucionales, 1989.

De la Boétie, Étienne, *Discurso de la servidumbre voluntaria*, traducción de Rodrigo Santos Rivera, México, Sexto Piso, 2003.

Diez, Alonso Fernández, "Un análisis filosófico sobre la naturaleza de los conflictos bélicos y sus problemas éticos a la luz del pensamiento de Francisco de Vitoria", México, Universidad Anáhuac, 2006.

Downs, Anthony, "An Economic Theory of Political Action in a Democracy", en *Journal of Political Economy* 65, núm. 2, abril de 1957, pp. 135-150.

Hernández, Víctor, "Necesidad de la seguridad humana en México" (tesina), México, Universidad Anáhuac, 2016.

Herz, John, *Political realism and political idealism: a study in theories and realities*, Chicago, University of Chicago Press, 1951.

Hipona, Agustín de, *Obras completas*, Madrid, Biblioteca de Autores Cristianos, 2009.

Hobbes, Thomas, *Leviatán*, traducción de Carlos Mellizo, Madrid, Gredos, 2015.

Hope, Alejandro y Jaime López, *La mentada estrategia: dos ensayos y treinta y nueve preguntas sobre seguridad, justicia, violencia y delito*, México, Senado de la República, 2015.

Magaloni, Beatriz, "Elección racional y voto estratégico: algunas aplicaciones para el caso mexicano", en *Política y Gobierno* 1, núm. 2, 1994, pp. 309-344.

Martín, Javier Espino, "Estética de la recepción e historia de las ideas en el siglo XVIII. La *virtus* y el *honestum* ciceronianos en el 'honor nobiliario' de Montesquieu y la 'educación cívica' de Gaspar Melchor de Jovellanos", en *Tópicos*, núm. 53, 2017, pp. 325-372.

"México busca comprar en EU misiles por 41 mdd para la Marina", en *Forbes*, 14 de agosto de 2018 [en línea], disponible en <https://www.forbes.com.mx/
mexico-busca-comprar-en-eu-misiles-por-41-mdd-para-la-marina/>.

Montesquieu, *Del espíritu de las leyes*, traducción de Mercedes Blázquez y Pedro de Vega, Madrid, Tecnos, 2014.

Patapan, Haig, "Democratic international relations: Montesquieu and the Theoretical Foundations of Democratic Peace Theory", en *Australian Journal of International Affairs* 66, núm. 3, junio de 2012, pp. 313-329.

Platón, *República*, traducción de Antonio Gómez Robledo, México, UNAM, 2000.

Riker, William, "The Political Psychology of Rational Choice Theory", en *Political Psychology* 16, núm. 1, marzo de 1995, pp. 23-44.

Santa Cruz, Arturo, "Teoría de la paz democrática", en Jorge Alberto Schiavon Uriegas (ed.), *Teorías de relaciones internacionales en el siglo XXI: Interpretaciones críticas desde México*, Puebla, Benemérita Universidad Autónoma de Puebla, 2014, pp. 191-210.

"Se les pierde la droga asegurada en Tepito", en *El Universal*, 1 de noviembre de 2019 [en línea], disponible en <https://www.eluniversal.com.mx/metropoli/se-les-pierde-la-droga-asegurada-en-tepito>.

Shepsle, Kenneth y Mark Bonchek, "Rationality: The Model of Choice", en *Analyzing Politics: Rationality, Behavior, and Institutions*, Nueva York, W. W. Norton & Company, s. f., pp. 15-35.

Societas, en *Lewis & Short* [en línea], disponible en <http://www.perseus.tufts.edu/hopper/morph?l=societas&la=la#lexicon>. Consultado el 20 de octubre de 2018.

UDLAP, Índice Global de Impunidad México 2016 [en línea], disponible en <https://www.udlap.mx/igimex/2016/resumenejecutivo.aspx. Consultado el 31 de julio de 2019.

UNESCO, "Constitución de la UNESCO", 16 de noviembre de 1945 [en línea], disponible en <http://portal.unesco.org/es/ev.php-url_id=15244&url_do=do_topic&url_section=201.html>.

Waltz, Kenneth, *El hombre, el Estado y la guerra: un análisis teórico*, traducción de Arturo Borja Tamayo, México, CIDE, 2013.

Zagal, Héctor, *Imperio: la novela de Maximiliano*, México, Planeta, 2012.

Montesquieu y la construcción de la paz internacional
se imprimió el 21 de noviembre de 2021,
Solemnidad de Cristo Rey del Universo,
en Litográfica Ingramex, S.A. de C.V.
Centeno 162-1, Granjas Esmeralda, Iztapalapa,
C.P. 09810, Ciudad de México, México